Arbeitsblätter

Das Gewissen – die leise Stimme

28 Arbeitsblätter
mit didaktisch-methodischen Kommentaren

Sekundarstufe I

von
Manfred Häußler / Albrecht Rieder

Ernst Klett Verlag
Stuttgart Düsseldorf Leipzig

Der Verlag hat sich nach bestem Wissen und Gewissen bemüht, alle Inhaber von Urheberrechten an Beiträgen zu diesem Werk ausfindig zu machen. Sollte das in irgendeinem Fall nicht korrekt geschehen sein, bitten wir um Entschuldigung und bieten an, gegebenenfalls in einer nachfolgenden Auflage einen korrigierten Quellennachweis zu bringen.

Gedruckt auf Papier, welches
aus Altpapier hergestellt wurde.

Die Deutsche Bibliothek – CIP-Einheitsaufnahme

Häußler, Manfred:
Arbeitsblätter Das Gewissen – die leise Stimme:
28 Arbeitsblätter mit didaktisch-methodischen Kommentaren ;
Sekundarstufe I / von Manfred Häußler/Albrecht Rieder. –
2. Aufl. – Stuttgart ; Düsseldorf ; Leipzig : Klett, 1999
ISBN 3-12-926756-5

2. Auflage 1999

Dieses Werk folgt der reformierten Rechtschreibung und Zeichensetzung. Ausnahmen bilden Texte, bei denen künstlerische, philologische oder lizenzrechtliche Gründe einer Änderung entgegenstehen.

Internetadresse: http://www.klett-verlag.de
E-mail: klett-kundenservice@klett-mail.de
Umschlaggestaltung: BSS Werbeagentur Sachse und Partner, Bietigheim
Druck: Wilhelm Röck, Weinsberg. Printed in Germany
ISBN 3-12-926756-5

Inhalt

Kap. 1 Bilder für das Gewissen

Kap. 2 Verstummendes Gewissen

Kap. 3 Negativ prägende Einflüsse auf das Gewissen

Kap. 6 Das Gewissen spricht schuldig

Kap. 7 Jesus befreit im Reden und Handeln

Kap. 8 Der im Gewissen angesprochene, gewissenhafte Mensch

Vorwort

Die Arbeitsblätter thematisieren „Gewissen“ unter den Leitkategorien „Sprechen – Verstummen“. Nach dem Einstiegskapitel beschäftigen sich die folgenden beiden Kapitel mit dem Phänomen eines verstummenden Gewissens und dessen Gründen. Dabei werden aktuelle, negativ prägende Einflüsse wie Gleichgültigkeit, Konsum, Egoismus, Bequemlichkeit und die Wirkung der Medien herausgestellt.

Kapitel 4 untersucht die Entwicklung eines sprechenden Gewissens und leitet über zur Beschäftigung mit einem christlich geprägten Gewissen in den Kapiteln 5–7. Christlich geprägt wird ein Gewissen durch den Anspruch und Zuspruch aus den Zehn Geboten, den Seligpreisungen der Bergpredigt und dem Reden und Handeln Jesu. Reden und Handeln Jesu sind konzentriert in seiner befreienden Zuwendung zu Sündern. Jesus befreit Menschen, die vom eigenen Gewissen oder von Mitmenschen schuldig gesprochen sind und setzt sie frei zu neuem, gewissenhaften Handeln.

Kapitel 8 beschreibt Eigenschaften und Wirkungsfelder gewissenhafter Menschen, die im Geist Jesu handeln.

Alle Materialien zielen auf die Bearbeitung in der Sekundarstufe I. Texte, Bilder, Karikaturen etc. ermöglichen einen methodisch vielfältigen Zugang zur Thematik bis hin zu einem handlungsorientierten Vorgehen. Durch Arbeitsaufgaben und Schemata zur Ergebnissicherung sind viele Materialien so vorstrukturiert, dass sie leicht als fertige Bausteine in den Unterricht eingefügt werden können.

Einige Arbeitsblätter eignen sich außerdem für den Einsatz in den Unterrichtseinheiten „Jesus Christus“ und „Werte – Normen, Schuld und Vergebung“.

Die Autoren

M 1 __ __ __ __ __ __ __ __ – was ist das?

1. Das __ __ __ __ __ __ __ __ ist eine ____________________, die uns den Zugang zum Bösen verwehren will.

2. Das __ __ __ __ __ __ __ __ ist ein innerer ____________________, der menschliches Tun und Lassen als gut oder schlecht beurteilt.

3. Das __ __ __ __ __ __ __ __ ist eine ____________________, die dem Menschen die Zeit zur Entscheidung anzeigt.

4. Das __ __ __ __ __ __ __ __ ist ein ____________________, der die süßen Früchte des Lebens dauernd zerstört.

5. Das __ __ __ __ __ __ __ __ ist ein ____________________ Gottes.

6. Das __ __ __ __ __ __ __ __ ist eine ____________________, die bei Gefahr aufleuchtet.

7. Das __ __ __ __ __ __ __ __ ist eine ____________________, die genau auf einen Sender ausgerichtet ist.

8. Das __ __ __ __ __ __ __ __ ist ein ____________________.

9. Das __ __ __ __ __ __ __ __ ist ein ____________________, der auch zum Schweigen gebracht werden kann.

10. Das __ __ __ __ __ __ __ __ ist ein ____________________, ohne den das Schiff unseres Lebens vom Kurs abkommt.

11. Das __ __ __ __ __ __ __ __ ist ein ____________________, in dem alle Verstöße aufgeschrieben sind.

12. Das __ __ __ __ __ __ __ __ ist eine ____________________, die bei einem Fehltritt zubeißt.

Lückenwörter:
Antenne – Gerichtshof – Kompass – Kontrolllampe – Rufer – Schlange – Schranke – Spiegel – Sprachrohr – Tagebuch – Uhr – Wurm

Arbeitsaufgaben:
- Schreibe auf die durchgezogenen Linien das passende Bildwort.
- Suche für die gestrichelten Lücken einen gemeinsamen Begriff.

(Die Autoren)

M 2

Hermann van Veen:

In und out

Hier spricht die Stimme des Gewissens
man hat mich früher gleich erkannt,
doch heute habe ich den Eindruck
man drückt mich langsam an die Wand.

Hier
meldet sich die weiße Weste
mich hat jeder gern,
bin zur Zeit mal wieder sehr gesucht,
nicht ganz billig, aber kleidsam
zeitlos und modern,
wer mich trägt, ist meistens gut betucht.

Ich bin die Stimme des Gewissens,
ich war mal ein Kontrollorgan
wenn früher irgend etwas faul war
dann rief man mich gleich auf den Plan.

Hey,
ich bin die weiße Weste,
immer blütenrein,
makellos und ohne jeden Fleck.
Kommt durch Zufall einer drauf,
das kann doch schon mal sein,
kenn ich Tricks – der Fleck
ist weg wie nix.

Ich bin die Stimme des Gewissens,
ich war gefürchtet und geliebt,
ich frag mich, ob die Menschen wissen,
dass es mich überhaupt noch gibt.

Ich bin die Stimme des Gewissens
und der Verstand hat mir gesagt
ich sollte mit der Zeit verstummen,
Gewissen sei nicht mehr gefragt.

Ich bin die Stimme des Gewissens,
zum Teufel, hört mir keiner zu,
man scheint mich gar nicht zu vermissen
na schön, dann setz ich mich zur Ruh!

Hermann van Veen
PolyGram Songs Musikverlag

M 1

„Sehr richtig! Der da!“

ccc München, Jupp Wolter

M 2

ccc München, Walter Hanel

M 3

Wie viel Elend erträgt Afrika?

Escher/present

Das Töten hat kein Ende

Hunger als Waffe im Bürgerkrieg

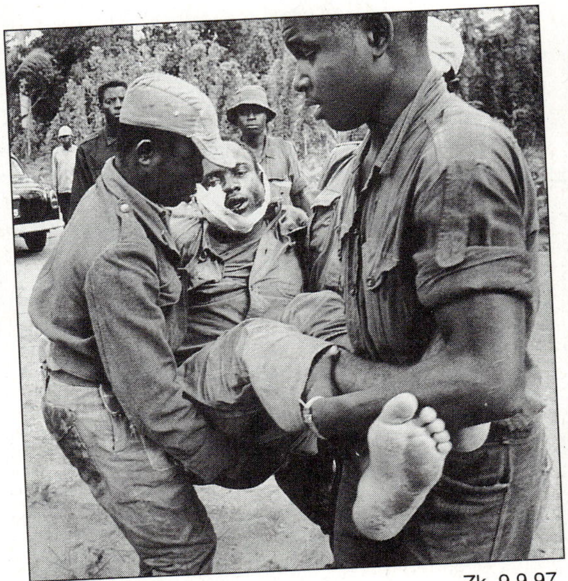

KLIJN/present

Zk. 9.9.97

Namenlose Flüchtlingsschicksale

KLIJN/present

M 4

Dieter Buhl:

Geballte Kraft für schnelle Hilfe

Seit [...] Wochen sehen wir Bilder, die den Vorstellungen von der Hölle auf Erden nahekommen. Was aus den Flüchtlingslagern in und um Ruanda[1] in unsere Wohnzimmer gesendet wird, sprengt den Rahmen des gewohnten Fernsehschreckens [...] Nach dem täglichen Schock bleiben jedoch stets nur hilflose Fragen. Kann die Welt nicht schneller und wirksamer helfen? Kann die wohlhabende, gut organisierte Bundesrepublik nicht mehr tun, um das Massenelend in Goma und an den anderen Stätten des ruandischen Grauens zu lindern? [...]
Das ruandische Flüchtlingsdrama folgt in seiner Eskalation[2] einem traurigen Schema. Die Szenarien der Notfälle, die wir aus sicherer Entfernung erleben, scheinen immer nach dem gleichen Rhythmus abzulaufen: Zunächst verhallen die Warnungen einzelner Rufer, dann schockieren Fernsehbilder das globale[3] Dorf, dessen Bewohner zwischen Mitleid und hilflosem Zorn schwanken; anschließend geschieht meistens wenig bis gar nichts; und erst, wenn die Unglücksbotschaften beinahe schon zur Routine geworden sind, reagiert endlich die Staatengemeinschaft. Das Muster verspäteter Hilfeleistung traf auf das Erdbeben in Armenien ebenso zu wie auf die Sintflut in Bangladesch oder die Hungersnot in Somalia.
Eine Welt, die von Tempo, wenn nicht Hektik bestimmt wird, kann keine Katastrophenhilfe im Zeitlupentempo hinnehmen. [...]
Seit dem Ende des Kalten Krieges[4] sind Chaos und Massenelend zu den Hauptfeinden des Weltfriedens geworden. Ihnen zu begegnen, verlangt nicht nur das Gewissen, sondern auch das Sicherheitsinteresse der Bundesrepublik. [...] Über Deutschlands Rolle als tatkräftiger Helfer in der Welt sollte es keinen Streit geben. Sie stünde dem Land gut an.

Worterklärungen:

[1] Ruanda: Staat in Ostafrika mit jahrelangem Bürgerkrieg
[2] Eskalation: allmähliche Steigerung oder Verschärfung
[3] global: weltweit
[4] Kalter Krieg: politische Spannungen zwischen Ostblock (ehemals kommunistische Staaten) und Westmächten in der Nachkriegszeit.

aus: DIE ZEIT vom 5. 8. 1994

M 5

Schema: Reaktionen auf Notsituationen

Arbeitsaufgabe:
Trage in die Kästchen ein, wie Notsituationen auf die Menschen wirken. Achte dabei auf die Reihenfolge im Text.

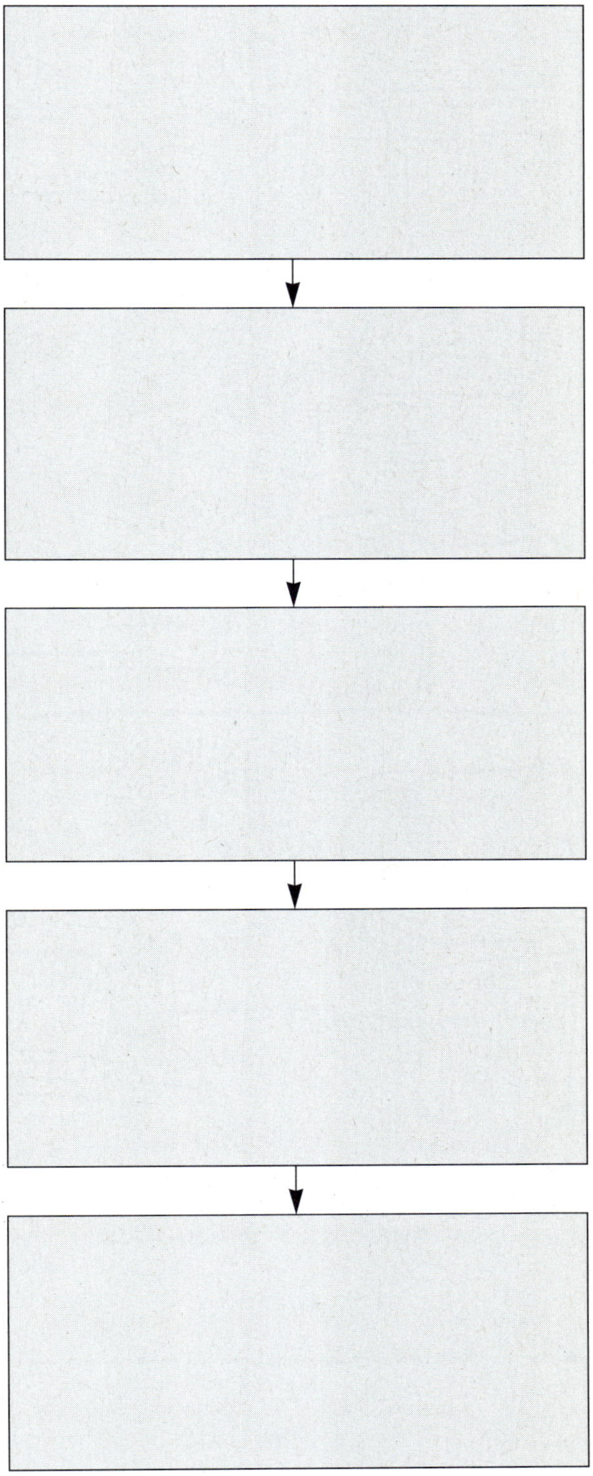

(Die Autoren)

M 6

Jan Tomaschoff, Leibesübung

ccc München, Jan Tomaschoff

M 1

Saatchi & Saatchi Advertising GmbH, Frankfurt/M.

M 2

aus: ID Asyl 58/92

M 3

ccc München, Jan Tomaschoff

M 4

Zum Beispiel Simon-Peter Ogwal: Illegal im Dachgeschoss

Die Narben auf dem Rücken, an den Beinen und der Unterlippe sind als sichtbare Zeichen der Folter geblieben. Simon-Peter Ogwal wurde mit 18 Jahren in seiner Heimatstadt Aduku im Norden Ugandas verhaftet und drei Monate im Gefängnis misshandelt. Soldaten des damaligen ugandischen Diktators Idi Amin stachen mit Bajonetten auf seinen Körper ein. Simon-Peters Vater war Regimegegner. „Tausende sind damals umgebracht worden, die meisten willkürlich, viele wurden auf offener Straße erschossen“, erzählt der heute 38jährige Ogwal.

Seit November 1993 lebt Ogwal in einem evangelischen Gemeindehaus in Berlin: illegal, mit abgelehntem Asylantrag, ohne Duldung, ohne staatliche Unterstützung. Die Johannes-Gemeinde im Süden der Hauptstadt gewährt ihm Kirchenasyl. [...]

Traudel Vorbrodt, Pax Christi-Mitglied in Berlin und Mitarbeiterin des ökumenischen Arbeitskreises Asyl in der Kirche, begleitet Simon, seit er in Berlin lebt. Sie hat ihm Praktika in Apotheken verschafft und die kleine Wohnung in der Johannes-Gemeinde. Simon fühlt sich im Dachgeschoss des Hauses sicher. Dennoch: „Wenn ich auf die Straße komme, habe ich Angst, Polizisten könnten mich verhaften und im Abschiebeknast abliefern“, sagt er. Das Trauma der Folter ist geblieben.

Simon hat Freunde in Berlin. Traudel Vorbrodt hat dafür gesorgt, dass er im Berliner Behandlungszentrum für Folteropfer betreut wird. Gemeindepfarrer Jörg Passoth hat Simon bei der Polizei angemeldet, die duldet bis jetzt das Kirchenasyl. Der Ugander ist nicht der erste Flüchtling, der im Gemeindehaus aufgenommen wurde. „Wenn sich Menschen in akuter Gefahr befinden, sind wir als Gemeinde verpflichtet, diese Not abzuwenden“, sagt der Pfarrer. Simon versorgt sich selbst. Für Lebensunterhalt, Rechtsanwalt und Arzt kommt die Gemeinde auf. Das meiste Geld wird durch Spenden aufgebracht. [...]

Simon selbst würde am liebsten in Berlin bleiben, wo er seit sieben Jahren lebt. Doch im Gemeindehaus kann ihm auch nicht ewig Kirchenasyl gewährt werden. „Meine Fluchtgeschichte ist noch lange nicht zu Ende“, sagt er. ■

aus: Publik-Forum aktuell „Kirchenasyl: Gewissen läßt sich nicht einfach abschieben.“

M 5

KIRCHENASYL

Recht und Gewissen

Es muss Recht bleiben, was Recht ist – nach diesem Grundsatz scheinen Staatsanwälte in Bayern momentan gegen Pfarrer vorzugehen, die in ihren Gemeinderäumen Asylsuchenden Zuflucht gewähren. Rechtsstaatlich gesehen hat das alles seine Richtigkeit, das betonen auch die strafverfolgten Pfarrer. Fraglich ist nur, ob es tatsächlich um bedrohtes Recht geht – oder lediglich um die Wahrung eines Prinzips.

Und ebenso wie man beim Vorgehen der Staatsanwaltschaft nach den tieferen Beweggründen fragen muss, sollten auch die Motive der Betroffenen nicht außer acht gelassen werden. Sie berufen sich – zu Recht – auf Jesus und sein Evangelium, wonach noch immer gilt: Gesetze sind für den Menschen da und nicht der Mensch für das Gesetz. Jesus selbst hat Gebote gebrochen, deren Beachtung er als wichtig und richtig erachtete. So heilte er Menschen am Sabbat, obwohl das Gebot ihm das – streng ausgelegt – untersagte.

Aber hier ging es um den Schutz der Menschenwürde, und die steht – Recht hin oder her – für Christen allemal über dem Gesetz.

Martin Wind

erschienen in: „Rheinischer Merkur“, 1996

M 6

Hinweise zur biblisch-ethischen Verantwortung

Wenn bei dir ein Fremder in eurem Land lebt, sollt ihr ihn nicht unterdrücken. Der Fremde, der sich bei euch aufhält, soll euch wie ein Einheimischer gelten, und du sollst ihn lieben wie dich selbst; denn ihr seid selbst Fremde in Ägypten gewesen. Ich bin der Herr, euer Gott.
(Lev 19,33.34)

Mach einen Plan, triff eine Entscheidung! Wie die Nacht breite deinen Schatten am helllichten Tag, versteck die Verjagten, verrate die Flüchtigen nicht! Lass die Flüchtlinge Moabs bei dir verweilen; versteck sie bei dir vor ihrem Verfolger!
(Jes 16,3–4a)

Zu der Zeit, als die Richter regierten, kam eine Hungersnot über das Land. Da zog ein Mann mit seiner Frau und seinen beiden Söhnen aus Bethlehem in Juda fort, um sich als Fremder im Grünland Moabs niederzulassen.
(Rut 1,1)

Du sollst einen fremden Untertan, der vor seinem Herrn bei dir Schutz sucht, seinem Herrn nicht ausliefern. Bei dir soll er wohnen dürfen, in deiner Mitte, in einem Ort, den er sich in einem deiner Stadtbereiche auswählt, wo es ihm gefällt. Du sollst ihn nicht ausbeuten.
(Dtn 23,16–17)

Denn ich war hungrig, und ihr habt mir zu essen gegeben, ich war durstig, und ihr habt mir zu trinken gegeben; ich war fremd und obdachlos, und ihr habt mich aufgenommen.
(Mt 25,35)

M 7

ccc München, Gerhard Mester

M 8

Jürgen Tauras, Frankfurt

A4

Eine Ursache für verstummendes Gewissen:

M 1

aus: BOSC, Alles, bloß das nicht. © by Diogenes Verlag AG, Zürich

M 2

ccc München, Jupp Wolter

M 3

Elie Wiesel:

Wider die Gleichgültigkeit

Sicherlich kennen Sie die Anekdote von den zwei Erziehern, die sich über den beklagenswerten Zustand der heutigen Jugend unterhalten: „Sie weiß nichts und verhält sich gleichgültig, nicht wahr?“ fragt der eine. Der andere antwortet: „Davon habe ich keine Ahnung, und im übrigen ist mir das völlig egal.“ [...]
Die Gleichgültigkeit dem Bösen gegenüber ist der Feind des Guten, denn die Gleichgültigkeit ist der Feind von allem, was dem Menschen zur Ehre gereicht. Gleichgültigkeit gegenüber der Angst des anderen ist verbrecherisch, da sie dessen Angst nur weiter verstärkt. Im äußersten Fall zehrt die Gleichgültigkeit ihr Subjekt wie auch ihr Objekt auf. Die Person, die sich gleichgültig verhält, ist hiervon ebenso betroffen wie die Person, gegen die sich die Gleichgültigkeit richtet. Was ist Gleichgültigkeit anderes als Blindheit in höchster Potenz? Wer ihr Gefangener ist, hat keinen Blick mehr für die äußere Welt, auch keinen für die innere Welt: Er sieht gar nichts mehr. [...]
Gleichgültigkeit kennzeichnet unsere Epoche. Gleichgültigkeit gegenüber unzähligen Opfern so mancher Ungerechtigkeiten, aber auch gegenüber unserem eigenen Schicksal. Einerseits liegt es an der Entfernung: Südafrika scheint weit entfernt zu sein. Äthiopien auch. Kamerun noch weiter. Die Väter, die in Gefängnissen leben, die gefoltert werden, sind nicht unsere Väter. Die ausgehungerten und gedemütigten Frauen in den unterentwickelten Ländern sind nicht unsere Schwestern. Offenbar bewohnen sie einen anderen Planeten oder leben in einem anderen Jahrhundert.

Andererseits gibt es die Massenmedien. Das Fernsehen liefert uns Bilder von Massakern und von ausgemergelten Körpern ins Haus. So haben wir die Möglichkeit, menschliche Tragödien mitzuverfolgen, während sie sich ereignen. Als Zuschauer sind wir anwesend beim Tod von Kindern, die in den Armen ihrer Mütter dahinsterben, verfolgen die grausamen und brutalen Gefangennahmen von Schwarzen durch die Polizei in den vielen Sowetos. Aber gerade diese künstliche Nähe kann zur Gleichgültigkeit führen. Wer zu oft Elend und Morde zur Zeit des Abendessens sieht, gewöhnt sich letztlich daran. Wir sehen ermordete Gefangene und trinken weiter, plaudern, amüsieren uns vielleicht sogar: Es ist, als wären die Horrorszenen, die sich vor unseren Augen abspielen, nur Bilder der Phantasie, gespielt von Schauspielern. Das banalisierte Böse hat seine Schreckenskraft eingebüßt. Wer dem Tod zu häufig auf dem Bildschirm begegnet, fürchtet sich schließlich nicht mehr vor ihm: Warum soll man Angst vor ihm haben? Wenn er kommt, braucht man nur am Knopf zu drehen und den Kanal zu wechseln.
[...]

aus: Süddeutsche Zeitung 1986

M 4

ccc München, Jupp Wolter

M 5 Meinung eines Schülers zu Jesus:

„Na ja, ich weiß nicht so recht. Ich hab' zwar schon viel von Jesus gehört, aber was hat das mit mir zu tun. Wir haben heute doch ganz andere Probleme als Jesus damals. Mich interessieren moderne Musik, Basketball und dass ich mit meinen Kumpeln etwas unternehme."

Arbeitsaufgabe:
Formuliere im Gegensatz zu dieser Meinung eine nicht gleichgültige Meinung zu Jesus.

(Die Autoren)

M 1

Begriffe:

1. _ _ ☐ _ _ _ _ _

2. _ _ _ _ _ ☐ _ _ _ _ _

3. _ _ _ _ _ _ _ _ _ ☐

4. _ _ _ _ ☐ _

5. _ ☐ _ _ _ _ _ _ _

6. ☐ _ _ _ _

Arbeitsaufgaben:
- Suche zu den Bildern entsprechende Begriffe.
  Trage die Begriffe in die jeweils passende Zeile ein.
- Bilde aus den gekennzeichneten Buchstaben ein Lösungswort.

(Die Autoren) / Zeichnung: Christa Janik, Leinfelden-Echterdingen

M 2

Diese Hose muss es sein! Jugendliche zahlen viel für Markenprodukte
Bild: Stoppel

Terror mit der echten Jeans

Jugendliche stehen unter Konsumdruck

Wenn die Vorweihnachtszeit naht oder der Geburtstag ihrer Sprößlinge, geraten Mütter zunehmend in Stress. Denn die Zeiten, als Kinder sich noch über jedes Geschenk freuen konnten, sind restlos vorbei. Heutzutage beherrscht das Marken-Kauderwelsch die Kinderzimmer. Kinder und Heranwachsende setzen ihre Eltern immer mehr unter Druck, wenn es darum geht, „das Richtige“ zu kaufen. Ein bisher nie dagewesener Konsumterror herrscht oft in Familien. In vielen Schulen und Cliquen genießen inzwischen nur jene „Kids“ Aufmerksamkeit und Ansehen, die Trendmarken tragen. Während die Eltern allzu häufig resignieren, jubeln die „Markendurchsetzer“, nämlich jene Werbemacher, die sich in den Agenturen den Kopf darüber zerbrechen, wie sie Kinder und Heranwachsende am nachhaltigsten beeinflussen können. Schließlich geht es hier um eine ernstzunehmende Kaufkraft. Die etwa sieben Millionen Jungdeutschen im Alter von 7 bis 15 Jahren verfügen insgesamt über 17 Milliarden Mark im Jahr.

Hinzu kommt ihr Einfluß zu Hause, am Familientisch. Wenn es darum geht, einen PC zu erwerben, einen CD-Player oder ein Videogerät, reden Söhne und Töchter ein entscheidendes Wörtchen mit. Denn sie sind über das Marktangebot meistens besser informiert als die Eltern. Aber auch bei anderen Konsumartikeln wie Brotaufstrich, Frühstücksflocken, Getränken entscheiden sie häufig, welche Marke gekauft wird. Da brauchen die Eltern schon eine Menge Rückgrat, um angesichts soviel scheinbarer Information das Sagen zu behalten.

Wenn die Jugendlichen entscheiden und die Eltern zahlen, tun Letztere das oft mit sehr ambivalenten Gefühlen. Einmal sind sie stolz darauf, dass der Nachwuchs „auf der Höhe der Zeit ist“, finden die Sachen aber meistens preislich überhaupt nicht angemessen. Auf der anderen Seite lassen sie sich beschwätzen, dass das richtige „Outfit“ heutzutage von großer Bedeutung sei. Nur wer die richtigen Jeans, die richtigen T-Shirts und Turnschuhe trage, gelte etwas in der Clique, heißt es dann. Denn dort wird entschieden, was „super-in“ und was „mega-out“ ist. Vor allem auf Schulhöfen wird Alltagskleidung mit größter Aufmerksamkeit begutachtet, und es wird gleichzeitig beschlossen, wer dazugehört, nämlich zu den Trendsettern und Meinungsführern. So stehen Kinder und Jugendliche häufig unter einem enormen Konsumdruck. Markenprodukte, die meistens weder besser noch origineller sind als andere, sind ihre Statussymbole. Die Eltern wehren sich häufig darum nicht, weil sie wollen, dass ihre Sprößlinge mithalten können.

Sieg für die Agenturleute! Sie kassieren hohe Honorare für das Durchsetzen einer Marke. Und der Hersteller schlägt die hohen Werbungskosten wieder auf den Preis. So zahlen am Ende die Jugendlichen teuer dafür, dass sie auf so raffinierte Weise beeinflußt worden sind. [...]

Und Eltern haben in Zeiten, die wirtschaftlich schwerer werden, größte Mühe, die kindlichen Wünsche annähernd zu erfüllen. Vor allem alleinstehende Mütter mit kleinem Budget sind ratlos, wenn sie das falsche Spielzeug, die falschen Turnschuhe, die falschen Jeans auf den Gabentisch gelegt haben. Aber auch die Kinder leiden – oft unbewusst – an dem Konsumdruck. Das macht sich vor allem montags bemerkbar, wenn das Wochenende im Zeichen von Werbefernsehen und Action-Filmen stand. Konzentrationsschwäche, Reizbarkeit, seelische und körperliche Unruhe, geringe Belastbarkeit sind die Symptome, über die die Lehrer klagen. [...]

Sigrid Latka-Jöhring

Anmerkungen:
ambivalent: zweideutig / Budget: Haushaltsgeld

Foto: Bildagentur Graffitti, H. Stoppel, Stuttgart

M 2 Jaques Prévert: Das Frühstück

Er goß den Kaffee
In die Tasse
Er goß die Milch
In die Kaffeetasse
Er tat den Zucker
In den Milchkaffee
Mit dem kleinen Löffel
Rührte er den Kaffee um
Und trank ihn
Er stellte die Tasse ab
Ohne ein Wort
Er zündete
Eine Zigarette an
Er blies Ringe
Aus Rauch
Er streifte die Asche
In den Aschenbecher
Ohne ein Wort
Ohne einen Blick
Er setzte den Hut auf
Er zog den Regenmantel an
Denn es regnete
Er ging
Ohne ein Wort
Ohne einen Blick
Und ich
Schlug die Hände vors Gesicht
Und weinte.

M 1

M 3 Ilse Schulenburg: Keine Zeit

Ich habe keine Zeit
ich muss Geld verdienen
damit wir leben können

Ich habe keine Zeit
ich muss Überstunden machen
damit ich in die nächste Gehaltsstufe
komme
damit wir besser leben können

Ich habe keine Zeit
ich muss ein Haus bauen
ich muss jede freie Minute ausnützen
damit wir besser leben können

Ich habe keine Zeit
meine Krankheit auszukurieren
ich kann micht jetzt nicht schonen
ich muss mithalten können
damit wir besser leben können

Ich habe keine Zeit
auszuspannen
ich muss noch einen
Fortbildungskurs besuchen
und dieses Geschäft zu Ende
bringen
damit wir besser leben können

M 4 Rudolf Otto Wiemer: Hör dir das an

Hör dir das an, Gott, ich will heute mit dem Auto unterwegs sein, morgen schließ ich den Kaufvertrag ab, das neue Haus wird in zehn Monaten stehn, dann ziehen wir ein, machen das dritte Kind, schicken das erste zur Schule, das Geschäft wird vergrößert, den Kompagnon schmeiße ich raus, kaufe das restliche Aktienpaket, übernehme den Vorsitz in der Waschmittelgesellschaft, wechsle die Freundin, der Bungalow im Tessin ist fällig, die Gören springen mir von der Tasche, die Frau hat eine Operation, ich bin Generaldirektor, vielleicht Prostata, gut, wird repariert, man ist sechzig, Konzern gesund, rapide wächst das Grundkapital, glänzende Aussichten für die nächsten zehn Jahre, was sag ich, für zwanzig – hör dir das an, Gott, und komme mir nicht dazwischen.

M 5 Lothar Zenetti: Andere Zeiten

„Schließlich kam ein Samariter des Weges …“
Lk 10,30–37

Also ich finde: Der arme Kerl
hat ausgesprochen Schwein gehabt:
schon der dritte, der vorbeikam, half.

Als ich neuerlich eine Panne hatte,
hielt erst der siebenundzwanzigste.
Na ja, so ändern sich die Zeiten.

Arbeitsaufgaben:

- Texte und Bild beschreiben gemeinsam eine Haltung vieler Menschen. Notiere diese Haltung als Überschrift.
- Nenne für jeden Text den Lebensbereich, in dem sich diese Haltung auswirkt.
- Suche in den Texten Beispiele, wie sich diese Haltung im jeweiligen Lebensbereich zeigt.

M 6 Ein Jugendlicher sagt:

kann

und mit Videokamera

mir zu glücklich aber genieße

genieße

noch selten tun eine

gespürt ich Geld

Probleme

Menschen leiste mir

gutes werden mich

anderer habe schlechtes

viel Ich ein ich

ich verdienen

aber will nicht um habe ich

genug Freizeit

Arbeitsaufgabe:
Formuliere mit den Bausteinen einen Text, der den Zusammenhang zwischen Egoismus und Gewissen ausdrückt.

(Die Autoren) / Foto: Rifte Jeans GmbH

M 1

Gewissen, auch als Aufruf zur Tat verstanden, ist, so kann man gelegentlich den Eindruck gewinnen, leichter unter einem barbarischen Regime zu beweisen als in unserer freiheitlichen Demokratie, in der die Gewissensfreiheit ausdrücklich in der Verfassung garantiert ist. Es gibt hier bei uns keine Gefahr für Leib und Leben. Wir können, ohne besonders nachteilige Folgen fürchten zu müssen, eine Meinung äußern und vertreten. Das verleitet allerdings zur Bequemlichkeit. Aus Bequemlichkeit wird man leicht feige, denn es ist doch vielfach einfacher, mit dem Strom der „öffentlichen Meinung" zu schwimmen, als sich dagegen zu stellen. Denn wenn man sich um nichts kümmert, schafft man sich auch keine Feinde. Einfacher ist es, anderen die Verantwortung für den Staat und die Politik zu überlassen. Und wer so denkt, wird nicht selten schneller befördert, ja, er reüssiert in der Politik nicht selten leichter und schneller als der, der einen Standpunkt hat und diesen Standpunkt nicht nur verteidigt, sondern auch für ihn kämpft.
Diese Bequemlichkeit ist in sich falsch, unredlich und für den Staat – wie auch für den einzelnen, der zur Tat aufgerufen ist – nicht gut.

____

Ursachen:

____

____

____

____

____

Folgen:

____

____

____

____

____

M 2

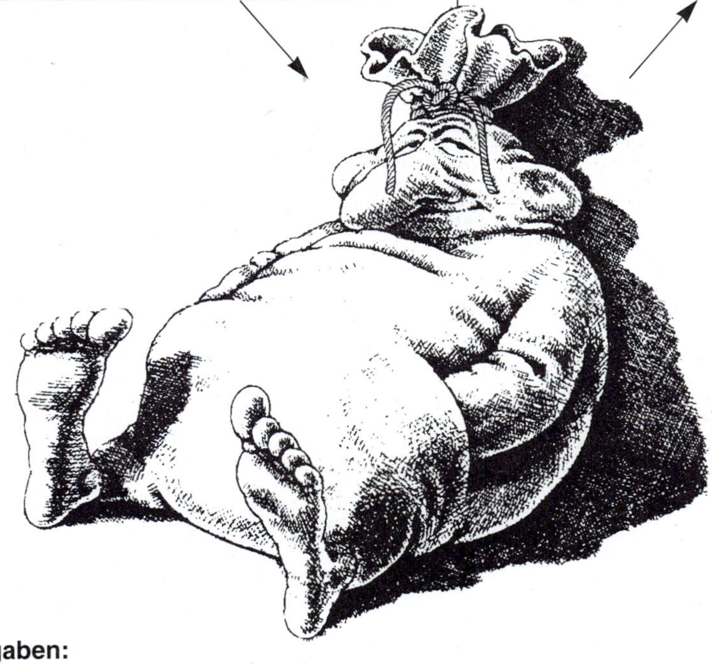

Arbeitsaufgaben:
- Fasse das Thema des Textes in einem Begriff zusammen.
- Suche nach Ursachen und Folgen.
- Nenne einige Merkmale zum gefundenen Begriff in der Karikatur.

M 1: Helmut Kohl, Gewissen – Aufruf zur Besinnung, Aufruf zur Tat. Aus: Richard Wisser u. a. (Hrsg.), Politik als Gedanke und Tat. Mainz 1967 / M 2 aus: Bernhard Müller, Menschlich – Allzumenschlich. Kösel/Calwer 1992

M 3

Sind wir schon zu bequem, um ...

Sind wir eigentlich noch zu etwas bereit?

Suchen wir nicht immer nur das Bequemste?

Ist uns nicht jede Anstrengung zu viel?

Sind wir schon so bequem, dass wir den kürzesten Weg nicht mehr gehen?

Ist es zu viel verlangt, statt 150 km/h nur 100 km/h zu fahren?

Sind wir schon zu bequem,

um ______________________________

____

____

____

Sind wir schon zu bequem,

um ______________________________

____

____

____

Sind wir schon zu bequem,

um ______________________________

____

____

____

Arbeitsaufgabe:
Ergänze die Satzanfänge.

(Die Autoren)

M 1 „Welche Veränderungen deiner Wahrnehmung vermittelt dir die Nutzung des Walkman?“

- Verträumt, abwesend oder total guter Laune.
- Ich sehe weniger.
- Der Kontakt zur Außenwelt wird bedrohlich locker.
- Ich bin total abwesend.
- Beim Skifahren: Glücksgefühl, beeinflusst meine Gefühle.
- Passiver, man nimmt nicht so eil an der Umwelt.
- Ein Gleichgültigkeitsgefühl der Umwelt gegenüber.
- Kein Unterschied zu sonst.
- Bin ruhiger, entspannter, mir gehen nicht so viele Gedanken durch den Kopf.
- Man sieht weniger, zumindest sieht man anders.

M 2

M1 aus: Rainer Schönhammer, Der Walkman. Eine phänomenologische Untersuchung. P. Kirchheim Verlag, München 1988 / M 2: Leue Verlag, Berlin

M 3

Ricarda Winterswyl:

Die Welt als Bildfolge und Unterhaltung

Das Kind kam mit geistesabwesendem Blick nach Hause, es hatte die Knöpfe eines Walkmans in den Ohren, man konnte die monotonen Rhythmen der Musik noch leise mithören, während das Kind schweigend sein Mittagessen aß. Die Mutter konnte es auch deshalb nicht nach seinen Erlebnissen in der Schule fragen, weil der Familienfernseher auf voller Lautstärke lief. In seinem Zimmer schaute das Kind zur Erholung ein paar Videoclips an – nicht so etwas Langsames und Langweiliges wie Elefanten, sondern Bilder, die zu den Klängen von Rockmusik in Sekundenbruchteilen wechselten und ständig etwas Neues, Ungewöhnliches und Aufregendes zeigten. Dann legte das Kind eine Schallplatte mit Filmmusik auf und machte Hausaufgaben. Es hatte keine Lust, mit Freunden in der frischen Luft zu spielen, sondern beschäftigte sich noch eifrig und konzentriert mit einem Telespiel, bei dem es darauf ankommt, einen Feind durch schnelle Reaktionen am Computer zu besiegen und auszulöschen. Am Abend saß das Kind mit seinen Eltern im Wohnzimmer vor dem Fernseher, bis es einschlief und ins Bett gebracht wurde.

In der Schule war das Kind zerstreut und gelangweilt; es lernte nur mühsam lesen, aber schließlich konnte es doch die kurzen Texte, die im Unterricht geübt wurden, ganz gut entziffern, und später las es sogar Überschriften in der Zeitung, Comics und Kochrezepte. Auch mit dem Computer konnte es geschickt umgehen. Das Kind fragte nie, ob es noch andere Texte oder Wörter gebe, als die wenigen, die es in der Schule kennenlernte, es fragte überhaupt nie etwas. Das Kind war ruhig und pflegeleicht, und die Eltern waren zufrieden, dass es sie nie beim Fernsehen störte.

Außerdem unterschied es sich nicht von den meisten anderen Kindern in seiner Klasse. So war alles in Ordnung. Wirklich, nur ganz wenige Kinder waren anders: Bei denen gab es zu Hause keine Fernseh- oder Videofilme zu sehen, sie besaßen keinen Walkman und keine Telespiele. Die lasen Bücher, bastelten und musizierten, wollten immer irgend etwas unternehmen und fragten ihren Eltern ein Loch in den Bauch. [...]

aus: Süddeutsche Zeitung vom 19. 12. 1987

M 4

Kochlowski GmbH, Werbeagentur, Köln

M 1

Arbeitsaufgaben:

1. Bilde aus den vorgegebenen Silben sieben Tätigkeiten, die Ursachen für verstummendes Gewissen sind. Beachte, dass manche Tätigkeiten mit mehreren Worten beschrieben sind.

al – aus – be – en – fau – ge – gel – gleich – las – las – len – les – men – nie – neh – es – rie – sen – sen – sen – seln – sich – sich – ßen – ten – tig – weg – wie – wich – zen – zu

2. Trage die Tätigkeiten in die ‚Pflaster' ein, schneide diese aus und klebe sie über das Gesicht (M 2). Dabei soll deutlich werden, dass das Gewissen verstummt.

(Die Autoren)

M 2 Collage: Das Gewissen verstummt

aus: Gerhard Kiefel, DU. Schriftenmissions-Verlag, Gladbeck

M 1 Fallbeispiel: Vandalismus in der Schule

Peter, 14 Jahre, ist äußerlich gesehen ein Junge wie viele andere auch. Er trägt gerne Oversize-Klamotten, liebt Streetball und kann stundenlang Techno aus dem Walkman hören. Seine Schulnoten können sich sehen lassen. Deswegen sind seine Eltern mit ihm zufrieden. Nur manchmal kritisieren sie seine Verspätung beim Essen, regen sich über seine Unordnung in seinem Zimmer und über seine knappen, etwas schnoddrigen Antworten auf. Die Abende verbringt Peter meist zu Hause. Er sieht fern, hört seine Musik oder spielt am Computer. Samstags trifft er sich mit seiner Clique, um etwas zu unternehmen. Mit seinen beiden Schwestern, Monika und Silke, 13 und 17 Jahre alt, versteht er sich ganz gut, obwohl oder gerade weil er sich wenig mit ihnen abgibt.
In der Schule allerdings fällt er in letzter Zeit durch rüdes Verhalten auf. Er wirft Bücher durch den Klassenraum und lässt auch schon mal die Tasche eines Mitschülers aus dem Fenster fliegen. Seine Klassenkameraden wundern sich immer mehr über ihn und können nicht verstehen, warum er so aggressiv geworden ist. Kürzlich musste er zum Schulleiter, weil er während des Unterrichts seinen Englischlehrer mit „du Spinner“ beschimpft hat.
Nach zwei Wochen Ruhe kam es gestern zum großen Knall. In einer Hohlstunde zertrümmerte Peter die Frontscheibe des Autos seines Englischlehrers. Er wurde dabei aber vom Hausmeister beobachtet und angezeigt.

(Die Autoren)

M 2 Rollenspiel

Arbeitsaufgabe:
Im Zimmer des Schulleiters findet ein Gespräch über Peters Verhalten statt.
Vertrete mit Hilfe der Rollenkarten deinen Standpunkt. Finde selbst weitere Überlegungen.

Silke, seine ältere Schwester

- findet, dass Peter sich so langsam von den Eltern lösen muss.
- meint, die Eltern würden Peters Benehmen zu oft kritisieren.
- verurteilt die Zerstörung von fremdem Eigentum.

Die Eltern

- achten auf korrektes Verhalten gegenüber Erwachsenen, auch in der Wortwahl.
- legen Wert auf ordentlichen Umgang mit fremdem Eigentum.
- Überlegen, ob sie Peter zu viel Freiraum gelassen haben.

Ein Polizist

- weist auf die Notwendigkeit des Schadenersatzes und auf mögliche Bestrafungen hin.
- äußert Bedenken, dass ein 14-jähriger so massiv gegen geltendes Recht verstößt.
- informiert über Veranstaltungen des Arbeitskreises ‚Vorbeugung gegen Gewalt‘.

Der Englischlehrer

- berichtet über nachlassende Leistungen und Peters auffälliges Verhalten im Unterricht.
- ist empört über die persönliche Beleidigung und über die Beschädigung seines Autos.
- fordert Maßnahmen (z. B. Entschuldigung, Arrest, zeitweiliger oder totaler Schulausschluss), weil Peter die Schulordnung mehrfach verletzt hat.

Zwei Mitschüler

- äußern Verständnis, weil der Englischlehrer ihn vor der Klasse bloßgestellt hat.
- stellen fest, dass Peter durch sein aggressives Verhalten auch viele seiner Mitschüler genervt hat.
- verlangen von Peter andere Wege der Konfliktlösung. Sachbeschädigung kommt für sie nicht in Frage.

(Die Autoren)

M 3

Regeln im menschlichen Leben

Menschliches Leben verläuft nicht ausschließlich nach biologischen Festlegungen. Unser äußeres Erscheinungsbild wie Körpergröße, Haarfarbe ist durch Erbgut festgelegt, ebenso haben Triebe als biologische Grundkräfte (Hunger, Aggression, Sexualität, Macht) Einfluss auf unsere Lebensgestaltung. Am Beispiel des Hungers ist einsehbar, dass Triebe unser Verhalten nicht automatisch erzwingen. Wir müssen unserem Hungergefühl nicht immer nachgeben, wenn sich der Hunger plötzlich meldet. Wir können mit dem Essen warten, müssen es manchmal auch, wenn ein geregeltes Zusammenleben (z. B. Unterricht) möglich sein soll.

Menschliches Leben verläuft auch nach Absprachen und Regeln. Wer davon nichts hält, muss sich in jeder Situation völlig neu orientieren und zu einer Entscheidung finden. Ein gemeinsames Lernen wäre unmöglich, wenn z. B. jeden Tag neu über Essenspausen diskutiert und abgestimmt werden müsste. Wer Richtlinien ablehnt, wird durch den dauernden Entscheidungsdruck überfordert. Regeln entlasten und helfen, indem sie in immer wiederkehrenden Alltagssituationen bereits bewährte Verhaltensweisen aufzeigen. Ohne von allen anerkannte Regeln könnten wir im Freundeskreis, in der Familie, im Straßenverkehr und in der Schule nicht zusammenleben. Es wäre nicht einmal möglich, ‚Mensch-ärgere-dich-nicht' oder Volleyball zu spielen. Für Spiele sind Regeln oft auf lange Zeit festgelegt. In anderen Bereichen sind Regeln nicht einfach vorgegeben, sondern werden durch gemeinsames Überlegen bestimmt und weitergegeben. Diese Weitergabe geschieht vorwiegend durch die Erziehung. In der Erziehung können auch christliche Verhaltensregeln wie die Zehn Gebote und das Liebesgebot vermittelt werden. Von Zeit zu Zeit müssen Regeln überprüft werden, ob sie noch der Situation und dem Zusammenleben angemessen sind und gegebenenfalls verändert werden.

(Die Autoren)

M 4

Ein Tag im Leben des Jochen M.

Noch etwas verschlafen setzt sich Jochen an den Frühstückstisch. Wortlos löffelt er sein Müsli. Seine Mutter, die mit ihm am Tisch sitzt, bemerkt er kaum. „Treffen wir uns nach der Schule bei Oma zum Essen", fragt die Mutter, „von dort aus haben wir es nicht weit zu Sport-Kalms, um dir endlich eine neue Goretex-Jacke zu kaufen. Deine alte ist ziemlich am Ende, die kannst du nicht mehr anziehen." Es dauert eine Weile, bis Jochen antwortet. „Muss das sein? Ich kann mir die Jacke auch allein kaufen – oder mit Sven. Wir treffen uns heute Nachmittag sowieso zum Skateboard-Fahren." „Na ja, gut. Ich wollte dir eben beim Aussuchen helfen. Wenn du ohne mich gehst, nimm bitte nichts zu Teures. Wir müssen aber noch zusammen überlegen, wie wir es mit dem Geld machen. Ich schlage vor, dass ich dir 300,- DM mitgebe. Bist du einverstanden?" „In Ordnung", antwortet Jochen knapp, in Gedanken schon in der ersten Stunde, Englisch bei Hasbach. Oh Schreck! Er schnappt Schultasche und Skateboard und verschwindet.

Jeden Morgen dieses Gedränge und Geschiebe an der Bushaltestelle, denkt Jochen. Kaum ist er eingestiegen, brüllt der Busfahrer einen jüngeren Schüler an: „Los, rück schneller auf, das geht nicht voran mit dir, Schlafmütze!" Ganz erschrocken gehorcht der Schüler widerwillig ohne ein Wort zu sagen. Jochen findet wieder einmal keinen Platz und muss in der Nähe des Busfahrers stehen bleiben. Der schimpft vor sich hin: „Die würde ich anders erziehen. Die meisten Eltern können sich heute nicht mehr gegen ihre Kinder durchsetzen." Autoritärer Sack!, denkt Jochen, der kann nur jeden Morgen herumkommandieren.

Auf dem Weg zur Schule trifft Jochen seinen Freund Sven, mit dem er über die Aktion zur Finanzierung der Halfpipe am letzten Wochenende redet. Beide freuen sich über die Spenden und überlegen weitere Aktionen. „Ja, die Halfpipe ist mir zehnmal lieber als die totale Pfeife Hasbach", entfährt es Sven. Er mag den Englischlehrer nicht, und das ist bei vielen in der Klasse so. Jochen hat darüber schon öfter mit seiner Mutter gesprochen. „Versuch's doch nochmal mit ihm", sagte sie jedesmal, „von einem strengen Lehrer kannst du auch was lernen." Ja, wenn es nur die Strenge wäre, denkt Jochen nach der Englischstunde. Hasbach hat wieder mal herumgeschrien, weil drei Schüler ohne Hausaufgaben waren. Die hat er ganz schön fertig gemacht. Er droht immer mit schlechten Noten, wenn wir keine Hausaufgaben machen. Ich habe einfach keine Lust mehr, denkt Jochen, als er sich an den Rat der Mutter erinnert. Warum soll man es immer wieder versuchen, wenn man nur schlechte Erfahrungen macht? Zum Glück verläuft der Schulvormittag sonst ganz ordentlich. Letzte Stunde Bio, das ist wie immer problemlos. Frau Beckmann ist auch streng, aber bei ihr hat man das Gefühl ernst genommen zu werden. Wenn sie sich aufregt, hat das schon handfeste Gründe. Neulich hat Philipp aus Langeweile im Biobuch herumgekritzelt. Sie war ziemlich sauer, und Philipp muss ein neues Buch beschaffen. Aber meistens biegt sie kleinere Konflikte mit Humor wieder grade.

Der Vormittag in der Schule ist trotz des nervigen Englischunterrichts schnell aus Jochens Kopf. Auf dem Weg zu seiner Oma denkt er daran, wie es heute Nachmittag mit dem Skateboard läuft, wer wohl alles kommt. Seine Oma wartet bereits mit dem Mittagessen auf Jochen. Freundlich empfängt sie ihn, fragt sofort, wie es in der Schule gelaufen sei. Noch etwas müde antwortet er ganz einsilbig. Als sie aber Interesse für sein Skateboard zeigt, wird er immer lebendiger. Verständnisvoll schlägt sie ihm vor: „Am besten, du machst nach dem Essen sofort deine Hausaufgaben, dann hast du noch genügend Zeit für dein Skateboard." „Wir haben für morgen nicht viel auf. Das erledige ich heute Abend. Lange kann ich diesmal nicht bleiben, denn wir wollen weitere Aktionen überlegen, um unsere Halfpipe zu finanzieren", antwortet Jochen. „Was ist denn das? Wie sagst du? Haffpeip?", fragt die Oma zurück. Jochen erklärt und erzählt von den Schwierigkeiten mit der Finanzierung. Sie hört aufmerksam zu, nickt zustimmend und meint ganz spontan: „Ja, wenn das so ist, dann gebe ich euch etwas dazu. Es gefällt mir, wie ihr euch um das Ding, diese Ha… kümmert." „Finde ich super, Oma, echt toll, dass du uns unterstützt. Wenn das Ding mal steht, dann musst du unbedingt mal zuschauen." Oma ist in Ordnung. Die kann sich richtig gut in uns Junge hineindenken, findet Jochen.

Schon von weitem hört Jochen, wie Carsten auf dem Platz herumschreit. „Dieser Angeber ist auch da", sagt er vor sich hin. „Hoffentlich kommt Sven bald, mit dem kann man wenigstens vernünftig reden. Aber dieser Carsten…" Immerhin sieht er Katja und Andreas schon auf dem Platz. Wo bleibt denn Sven? Eifrig üben sie das Kurvenfahren und versuchen über Kisten zu springen, die in einer Reihe aufgestellt sind. „Schieb zwei Kisten zusammen, ich springe leicht darüber", prahlt Carsten. Tatsächlich überspringt er das Hindernis und lacht Katja aus, die noch zögert. Ohne mit den anderen zu reden, platziert Carsten nun die Hindernisse, wie er gerade Lust hat. „Der ist doch bescheuert, macht was er will. Das macht einfach keinen Spaß, wenn der da ist. Alles soll sich immer um ihn drehen", ärgert sich Katja. „Der meint, er müsse immer im Mittelpunkt stehen." Kaum hat sich der Ärger über Carsten etwas gelegt, schreit der schon wieder zu ihnen herüber: „Redet ihr schon wieder über eure Aktionen? Zeitverschwendung! Über so einen Quatsch denke ich nicht nach!" Wo bleibt Sven? Der ist doch sonst pünktlich. An die Jacke denkt Jochen schon lange nicht mehr.

Heute muss Jochen die Hausaufgaben abends erledigen. Er sitzt noch nicht lange, da schaut ihm sein Vater über die Schulter. „Ich kann das nicht leiden, wenn du mich beim Arbeiten kontrollierst", sagt Jochen ziemlich unfreundlich. „Hast ja Recht", antwortet sein Vater, „und wie war der Tag?" Eine Weile sagt Jochen nichts, legt schließlich doch den Stift beiseite und dreht sich zu seinem Vater um. „Nichts besonderes. – Ach ja, einen Gruß von Oma. Du sollst bitte mal nach ihrem kaputten Staubsauger sehen." „Und sonst?", interessiert sich sein Vater weiter. „Mama wollte, dass ich eine Jacke kaufe, ich kam aber nicht dazu. Wir haben wieder lange über die Halfpipe geredet. Außerdem hat Sven mich versetzt. Wir hatten ausgemacht uns zu treffen und er kam und kam nicht", erzählt Jochen. Er steht auf und geht zum Fenster. Sein Vater bemerkt seine Enttäuschung. „Da wird es schon einen Grund geben. Sven ist doch sonst ein verlässlicher Typ. Irgend etwas Unvorhergesehenes wird dazwischen gekommen sein", gibt er Jochen zu bedenken. Jochen lässt sich wieder auf seinen Stuhl fallen und sagt: „Trotzdem ärgert es mich. Warum sagt er nichts? Und dann war da wieder dieser Blödmann Carsten! Das nächste Mal bleibe ich weg." „Nun mal langsam, urteile nicht so schnell. Morgen kannst du Sven ja fragen. Er ist dein Freund, nun gib ihm mal einen Kredit, hm?", ermuntert ihn sein Vater, während er aus Jochens Zimmer geht. „Ach Papa, weil du gerade Kredit sagst, warte, hier sind die 300,- DM für die Jacke. Daraus wurde ja nichts", ruft Jochen hinterher. Der Vater kommt nochmals zurück. „Wie, du hattest den ganzen Tag 300,- DM in der Hosentasche? Deine Eltern setzen ja ein großes Stück Vertrauen in dich", sagt der Vater augenzwinkernd und fügt hinzu… „Übrigens, sowas habe ich auch vorhin gemeint. Gib deinem Sven einen Vertrauensvorschuss! Und jetzt zurück zu den Hausaufgaben. Hoffentlich habe ich dich nicht zu lange abgehalten." „Ist schon o.k.", sagt Jochen. ‚Deine Eltern setzen ein großes Stück Vertrauen in dich.' Dieser Satz tut Jochen gut. Er wendet sich den Hausaufgaben zu. Englisch…

(Die Autoren)

M 5 Autoritäres oder offenes Gewissen?

Arbeitsaufgabe:
Kreuze an, wo ein autoritäres oder offenes Gewissen spricht.

autoriär	offen	
○	○	1. Ich weiß immer, was für mich gut ist.
○	○	2. Ich höre immer auf die Ratschläge meiner Freunde.
○	○	3. Völliger Blödsinn! Da brauche ich gar nicht erst nachzudenken.
○	○	4. Wir haben jetzt keine Zeit für lange Palaver.
○	○	5. Wir sollten noch warten, wie er sich entwickelt.
○	○	6. Du bist ein hoffnungsloser Fall.
○	○	7. Überlegen wir das weitere Vorgehen doch gemeinsam.
○	○	8. Was könnten wir noch versuchen, um ihr zu helfen?
○	○	9. So machen es alle. Warum sollte ich da eine Ausnahme sein?
○	○	10. Das kann ich mir anders vorstellen.
○	○	11. Halte dich mit deinem Urteil zurück.
○	○	12. So steht es da! So machen wir es auch!
○	○	13. Was hältst du denn für das Beste?

(Die Autoren)

M 1 Stufen der Gewissensentscheidung

Die folgenden Sätze beschreiben vier verschiedene Maßstäbe, nach denen sich das Gewissen äußert.

1. Die Autorität der Erwachsenen wird ohne zu fragen anerkannt. Die Eltern wissen, was richtig oder falsch ist.

2. Recht und Ordnung der Gesellschaft werden als Maßstab für Gewissensurteile anerkannt. Typische Fragen dieser Stufe: Was wäre, wenn das jeder täte?

3. Der Mensch folgt den Regeln und Bedürfnissen der eigenen Gruppe. Die engsten Freunde oder die Familie sind wichtig. Alles andere geht mich nichts an.

4. Im Verhalten untereinander gilt die Wechselbeziehung: Man sollte sich freundlich denen gegenüber verhalten, die einem selbst freundlich entgegenkommen.

Arbeitsaufgaben:
- Bringe die Sätze in eine Reihenfolge. Beachte dabei, welcher Maßstab einfacher oder schwerer zu erfüllen ist.
- Klebe die Sätze dann in das Treppenschema ein. Beginne unten mit dem einfachsten Maßstab. (Oberste Stufe bleibt frei.)

(Die Autoren)

M 2

Fallbeispiel: Fahren ohne Führerschein

Markus Wittmann, fast 18 Jahre alt, wohnt mit seinen Eltern in der Nähe von Ulm. Er macht zur Zeit seinen Führerschein, den theoretischen Teil der Prüfung hat er bereits bestanden. Er hofft, im praktischen Teil mit wenigen Fahrstunden auszukommen, da er mit seinem Vater schon öfter auf einem Übungsplatz gefahren ist. Mit seinen Freunden Jan, Christina, Antje und Matthias will er am Wochenende zum Skifahren in die Vereinshütte nach Nesselwang im Allgäu. Leider muss sein Vater überraschend zu einem Kundenbesuch nach Düsseldorf fliegen, obwohl er die jungen Leute mit seinem Wagen zur Skihütte fahren wollte. Seine Mutter kann nicht einspringen, da sie die im Haus lebende Großmutter nicht alleinlassen kann. Natürlich ist die Enttäuschung bei Markus und seinen Freunden groß. „Denk' mal, wie viel Aufwand wir schon hatten mit diesem Wochenende! Allein schon die Skihütte zu reservieren, nachdem wir endlich einen gemeinsamen Termin gefunden hatten", äußert sich Jan. Auch Antje gibt zu bedenken: „Ich habe mich extra von meinem Handballturnier abgeseilt. Und jetzt das! So ein Mist!" Markus überlegt: „Und wenn ich fahre? Die theoretische Prüfung habe ich schon und mit unserem Jeep kann ich umgehen. Ich rede mal mit meiner Mutter." Christina wendet ein: „Das wäre bei meinen Eltern aussichtslos, Fahren ohne Führerschein! Das würden meine Eltern nie erlauben." Auch Matthias hat Bedenken. Ihm ist es zu riskant. „Stell' dir vor, es passiert was. Wenn du ohne Führerschein erwischt wirst, kannst du mit Gefängnis oder einer saftigen Geldstrafe bestraft werden. Überleg' mal, wenn jeder so einfach die Straßenverkehrsordnung missachten würde. Wo kämen wir da hin?!"

Die Freunde bereden die Sache noch einige Zeit. Sie streiten zum Teil heftig miteinander. Christina und Matthias bestehen darauf, nicht mitzufahren. Auf dem Weg nach Hause geht Markus das Gespräch im Kopf herum. Er ist hin und her gerissen, auf wen er hören soll. Auf alle Fälle muss er mit seiner Mutter sprechen. Am nächsten Tag kommt es zu diesem Gespräch. Seine Mutter warnt ihn, den Jeep zu nehmen. Sie macht keinen Hehl aus ihrer Angst, dass ihm, den Mitfahrern und anderen Verkehrsteilnehmern etwas zustoßen könnte. Markus versucht, sie zu beruhigen mit dem Hinweis, dass er schon öfter mit dem Jeep gefahren und die Prüfung doch nur eine Formsache sei. Seine Mutter fragt ihn daraufhin, ob er denn ohne weiteres bei jemandem einsteigen würde, der keine Fahrerlaubnis hat. Er überlege wohl nicht recht, was bei einem Unfall auf ihn zukommen würde. Dass er dann die nächsten Jahre keinen Führerschein bekäme, sei dabei noch das Geringste.

Markus zieht sich enttäuscht in sein Zimmer zurück. Die Gespräche mit den Freunden und seiner Mutter gehen ihm lange nach. Wie soll er sich entscheiden? Es ärgert ihn, dass Christina und Matthias so stur sind und nicht mitfahren wollen. Antje und Jan dagegen sind mit seinem ursprünglichen Vorschlag einverstanden. Am liebsten würde er es allen Recht machen. Ein gutes Verhältnis zu seinen Freunden und Eltern steht für ihn an oberster Stelle in seinen Überlegungen. Die anderen Bedenken treten dahinter zurück.

(Die Autoren)

Arbeitsaufgaben:
- Unterstreiche Sätze, die den vier Stufen der Gewissensbildung entsprechen.
- Besprecht miteinander, wie Markus sich entscheiden soll.

M 3

ccc München, Jan Tomaschoff

M 1

Gewissenskonflikte

1. Der Tag der Machtergreifung Adolf Hitlers am 30. 1. 1933 erfüllte einige Menschen mit tiefer Besorgnis. Erwin Planck, Sohn des weltberühmten Physikers Max Planck, legte an diesem Tag sein Amt als Staatssekretär im Reichskanzleramt nieder. Er stand wie sein Vater in Opposition zum Nationalsozialismus. Später gehörte er einer Widerstandsgruppe gegen Hitler an. 1944 wurde er verhaftet und zum Tode verurteilt. Die Nationalsozialisten teilten seinem Vater mit, sein Sohn könne begnadigt werden, falls er, Max Planck, eine Erklärung unterschriebe, dass er Hitler unterstütze. Max Planck stand vor einer der schwersten Entscheidungen seines Lebens.

2. Ein Zivildienstleistender pflegt längere Zeit eine alte Dame, die das Haus nicht mehr verlassen und den Haushalt selbst nicht mehr versorgen kann. Der Zivi übernimmt deshalb alle Hausarbeiten und ist ein geduldiger Zuhörer. Die alte Dame hat ihm erzählt, dass sie sich gar nicht mehr mit ihrer Tochter verstehe und sie nie mehr sehe. Die Dame fühlt, dass sie immer schwächer wird und sieht selbst keine Möglichkeit, auf die Tochter zuzugehen und sich mit ihr zu versöhnen. Sie bittet den Zivi, wenn sie stirbt, ihrer Tochter wertvolle Schmuckstücke und ihre Ersparnisse zu übergeben. Sie hatte zwar einmal angedeutet, ihr Vermögen einer Hilfsorganisation zukommen lassen zu wollen. Doch dann sei ihr klar geworden, dass sie ihrer Tochter nicht über den Tod hinaus böse sein könne.
   Die alte Dame starb ein halbes Jahr später. Inzwischen hatte der Zivi erfahren, dass die Tochter nicht nur wohlhabend, sondern auch sehr eingebildet sei. Dem Zivi kam der Gedanke, ob das Geld bei einer Hilfsorganisation nicht doch besser eingesetzt wäre.

3. In der 8 b geht es wieder einmal drunter und drüber. Fast alle toben wild durcheinander, nur einige stille Mädchen blättern abseits in der neuesten Bravo. Mäppchen fliegen durch die Gegend. Vieles liegt auf dem Boden herum, wildes Geschrei an den Fenstern. Ein Wunder, dass Herr Hauser seinen Unterricht ohne eine Bemerkung über diese Unordnung durchzieht. Erst am Ende der Stunde ermahnt er den Klassenordner, das Chaos zu beseitigen und den Raum ordentlich zu verlassen. Jörg ist sauer, allein aufräumen zu müssen und nur widerwillig sammelt er die Papierfetzen vom Boden. Plötzlich findet er einen zusammengefalteten 50 DM-Schein. Schnell steckt er ihn ein und beeilt sich, nach Hause zu kommen. Unterwegs überlegt er, was er sich mit den 50 DM alles kaufen könnte. Vielleicht auch die Schulden bei seiner Schwester bezahlen. Wer hat ihn wohl verloren? Wie reagieren, wenn morgen jemand danach fragen wird?

Arbeitsaufgaben:
- Überlege verschiedene Möglichkeiten für eine Gewissensentscheidung.
- Wie würdest du handeln? Begründe.

(Die Autoren)

M 2

____

Ein Mensch, von bangen ________ voll
Ist unentschlossen, was er soll.
Ha, denkt er da in seinem Grimme:
Wozu hab ich die innre ____________?
Er lauscht gespannten Angesichts –
Jedoch, er hört und hört halt nichts.
Er ________ noch inniger und fester:
Nun tönt es wild wie ein ________ .
Wo wir an sich schon handeln richtig,
Macht sich die ________ Stimme wichtig.
Zu sagen uns: Du sollst nicht ________ ,
Ist sie nicht eigentlich vonnöten.
Doch wird sie schon beim Ehebrechen
Nicht mehr so ________ sprechen.
Ja, wenn es ________ in uns erschölle:
Hier spricht der Himmel, hier die Hölle!
Doch leider können wir vom Bösen
Das ______ gar nicht ________ lösen.
Ists die Antenne, sinds die Röhren
Die uns ________ gut zu hören?
Ists, weil von unbekanntem Punkt
Ein schwarzer Sender zwischenfunkt?
Der Mensch, ________ von so viel Wellen
Beschließt, die Stimme ________ .
Gleichviel ob er das Richtige tue
Hat er zum mindesten jetzt Ruhe.

Eugen Roth

Lückenwörter:

umschwirrt – Zweifeln – Stimme – unzweideutig – Gute – abzustellen – horcht – trennscharf – klar – verhindern – Orchester – töten – innere

Arbeitsaufgaben:
- Setze die Lückenwörter richtig ein.
- Suche eine passende Überschrift und trage sie ein.
- Unterstreiche, wo das Gewissen mehrstimmig spricht.

M 1 Walter Lorenz hilft Obdachlosen

Walter L., 46 Jahre, verheiratet, zwei inzwischen erwachsene Kinder, ist von Beruf Lokomotivführer. In seiner Freizeit kümmert er sich um Nichtsesshafte, Penner, Stadtstreicher: Er bringt ihnen warmes Essen, verschafft ihnen Kleidung, Arbeit und Wohnung, spendet Trost und hilft bei Behördengängen. Walter L. handelt ohne Organisation hinter sich, aus christlicher Motivation. [...]
Er erzählt: „Ich bin mal abends spazieren gegangen, hab' einen Kuchen von meiner Schwester geschenkt bekommen. Und dann hab' ich zwei Bettler in der Fußgängerzone gesehen. Und zu denen hat es mich irgendwie hingezogen. Da hab' ich den Kuchen mit ihnen geteilt. Und da ist mir durch ihre Augen – die waren ganz vereitert, und schmutzig waren sie – so eine Liebe entgegengeströmt und so eine Güte, so dass ich irgendwie Christus in diesen Menschen erlebt habe ... Und das war der Punkt, der mein ganzes Leben verändert hat."
Auf einem Moped fährt Walter durch die Stadt. Warmes Essen, das er zubereitet hat, bringt er an die „Klagemauer". Obdachlose und Nichtsesshafte warten bereits auf ihn. „Das hab' ich vor zwei Jahren angefangen", berichtet Walter, „mit einem ganz kleinen Topf. Weil es ist ja immer so: Menschen, wenn sie miteinander essen, dann kann man besser reden miteinander, dann ist es irgendwie eine schönere Gemeinschaft ... Und jetzt fahre ich jede Woche am Montag oder am Dienstag, entweder an die Ludwigsbrücke oder an die ‚Klagemauer' runter. Und da sage ich zwei Tage vorher, dass es Essen gibt, und dann warten die schon auf mich ..."
Walter ist ein Helfer vor Ort. Er stellt sich nüchtern den Problemen, die er um sich herum erlebt. Er steht für seine Schützlinge ein. Als er erfährt, dass ein angetrunkener Stadtstreicher in einem Fußgängeruntergeschoss der Innenstadt von Aufsichtsbeamten entwürdigend behandelt worden ist und dass die Polizei in der Fußgängerzone Penner aufgegriffen und außerhalb der Stadt wieder freigelassen hat, schreibt Walter einen Brief an den Kreisverwaltungsreferenten: „... Stellvertretend muss ich hier für meine Schwestern und Brüder, die auf der Straße leben und kein Zuhause haben, an Sie schreiben, mit der Bitte, Ihre Anordnungen gegenüber meinen Freunden abzuschwächen. Als Christ frage ich Sie, ob Sie das vor sich selber verantworten können, wenn Menschen – die wieder ein Stück nach oben gekommen sind, weil man sie achtet und liebt – durch sinnlose Bußgeldverfahren wieder auf die Straße getreten werden oder von der Polizei 20 Kilometer weit vor die Stadt gefahren werden ... Ich bitte nicht für mich, sondern für die Ärmsten unserer Stadt; Sie und ich – und viele andere – haben nur zufällig mehr Kraft geschenkt bekommen als meine Freunde von der Straße ..."
Heidi und Fred kommen in ihrer Wohnung zu Wort – ein altes Paar, das jahrelang unter Brücken und in verfallenen Häusern gehaust hat, bis beide ganz heruntergekommen und krank waren. Obwohl sie im Sozialamt als „hoffnungsloser Fall" galten, hat sich Walter überall für sie eingesetzt. Er hat ihnen auch Arbeit und Wohnung verschafft, wodurch sie neuen Mut gefasst haben. Beide berichten darüber, was die Begegnung mit Walter in ihrem Leben bedeutet hat und welchen Wandel dies bei ihnen bewirkte. Am Schluss kommentiert Walter: „Der Staat kann zwar einige Funktionen erfüllen, indem er den Leuten im Sozialamt einige Hilfen anbietet. Aber die wirkliche menschliche Liebe, die den anderen Menschen in der Not einfach trägt und ihm hilft und in manchmal ausweglosen Situationen nicht einfach sagt: Geh' auf's Sozialamt, die machen das schon!, sondern dass ich wirklich selber einsteige mit meiner Liebe im Herzen – das ist nicht zu ersetzen. Und das, was das wichtigste für mich ist, dass man sagt: ‚Du, ich glaube jetzt an dich, und ich vertraue auf dich!'

aus: Begleitkarte zum Film „Werke der Barmherzigkeit, Menschen, die auf der Straße schlafen", FWU, Nr. 323560, München 1984

M 2 Erklärung des II. Vatikanischen Konzils zum Thema „Gewissen"

[...] Im Innern seines Gewissens entdeckt der Mensch ein Gesetz, das er sich nicht selbst gibt, sondern dem er gehorchen muss und dessen Stimme ihn immer zur Liebe und zum Tun des Guten und zur Unterlassung des Bösen anruft, und, wo nötig, in den Ohren des Herzens tönt: Tu dies, meide jenes. Denn der Mensch hat ein Gesetz, das von Gott seinem Herzen eingeschrieben ist, dem zu gehorchen eben seine Würde ist und gemäß dem er gerichtet werden wird. [...] Im Gewissen erkennt man in wunderbarer Weise jenes Gesetz, das in der Liebe zu Gott und dem Nächsten seine Erfüllung hat. [...]

aus: Karl Rahner/Herbert Vorgrimler, Kleines Konzilskompendium. Herderbücherei Bd. 270. Verlag Herder, Freiburg 26. Aufl. 1996

M 3

Walter Back, Holzschnitt I

Xylographie von Walter Back, Reutlingen

M 4

Walter Back, Holzschnitt II

Xylographie von Walter Back, Reutlingen

M 1

ccc München, Walter Hanel

M 2 Biblische Weisungen, an Viele gerichtet

Glücklich der Mensch, der nicht lebt nach dem Rat und Vorbild der Bösen. Der die Wege nicht betritt, die ihn in Schuld führen. Der sich nicht mit denen gemein macht, die verächtlich reden über Gott und spöttisch über Menschen, die an ihn glauben.
Glücklich, wer Gottes Weisungen in sein Herz nimmt und über sie nachsinnt Tag und Nacht.

(Psalm 1,1f. aus: Jörg Zink, Womit wir leben können. Kreuz-Verlag, Stuttgart 1963)

Passt euch nicht den Maßstäben dieser Welt an. Lasst euch vielmehr von Gott umwandeln, damit euer ganzes Denken erneuert wird. Dann könnt ihr euch ein sicheres Urteil bilden, welches Verhalten dem Willen Gottes entspricht, und wisst in jedem einzelnen Fall, was gut und gottgefällig und vollkommmen ist.

(Römer 12,2 aus: Gute Nachricht Bibel, revidierte Fassung. © 1997 Deutsche Bibelgesellschaft, Stuttgart)

Es ist gut,

Arbeitsaufgaben:
- Übertrage die Aussagen des biblischen Textes als direkte Rede in die Sprechblasen.
- Ergänze als Zusammenfassung den Satzanfang ‚Es ist gut, …'.

(Die Autoren) / Zeichnung: Sven Palmowski, Stuttgart

M 3 Biblische Weisungen, an Einzelne gerichtet

2 Erhebt euch nicht über andere, sondern seid immer freundlich. Habt Geduld und sucht in Liebe
miteinander auszukommen. 3 Bemüht euch darum, die Einheit zu bewahren, die der Geist Gottes
euch geschenkt hat. Der Friede, der von Gott kommt, soll euch alle miteinander verbinden!
4 Ihr alle seid ja *ein* Leib, in euch allen lebt *ein* Geist, ihr alle habt die *eine* Hoffnung, die Gott euch
gegeben hat, als er euch in seine Gemeinde berief.

(Eph 4,2–4 a aus: Gute Nachricht Bibel, revidierte Fassung. © 1997 Deutsche Bibelgesellschaft, Stuttgart)

24 Und wir wollen aufeinander achtgeben und uns gegenseitig zur *Liebe* und zu guten Taten anspornen. 25 Einige haben sich angewöhnt, den Gemeindeversammlungen fernzubleiben. Das ist nicht gut; vielmehr sollt ihr einander Mut machen. Und das um so mehr, als ihr doch merken müsst, dass der Tag näherrückt, an dem der Herr kommt!

(Hebr 10,24 f. aus: Gute Nachricht Bibel, revidierte Fassung. © 1997 Deutsche Bibelgesellschaft, Stuttgart)

Es ist gut,

Arbeitsaufgaben:
- Übertrage die Aussagen des biblischen Textes als direkte Rede in die Sprechblasen.
- Ergänze als Zusammenfassung den Satzanfang ‚Es ist gut, …'.

(Die Autoren) / Zeichnung: Sven Palmowski, Stuttgart

M 1 Forderungen und Wünsche

1.
Du sollst keine anderen Götter neben mir haben.

2.
Du sollst meinen Namen nicht missbrauchen.

3.
Du sollst den Sonntag als besonderen Tag gestalten.

4.
Du sollst deinen Vater und deine Mutter ehren.

5.
Du sollst nicht töten.

6.
Du sollst keine Ehe zerstören.

7.
Du sollst nicht stehlen.

8.
Du sollst andere nicht belügen.

9.
Du sollst andere nicht um ihr Haus beneiden.

10.
Du sollst nicht begehren …

A
Ich möchte frei sein von Neid.

B
Meine Freundschaften sollen auch von Dauer sein.

C
Es tut weh, nicht als einmalige Person geachtet zu werden.

D
Ich wünsche mir von anderen, dass sie mir offen und ehrlich begegnen.

E
Ich will nicht, dass man über meinen Namen Witze macht.

F
Ich möchte mit dem, was ich habe, zufrieden sein.

G
Jeder soll den anderen ernst nehmen.

H
Wollt ihr denn, dass euch etwas gestohlen wird?

I
Ich wünsche mir, dass wir einander in der Familie respektieren.

K
Ich möchte in Ruhe etwas tun, für das ich sonst keine Zeit habe.

Arbeitsaufgaben:
- Ordne jedem der Zehn Gebote einen entsprechenden Wunsch zu.
- Bilde aus den unterstrichenen Wörtern einen Satz, der Gebote und Wünsche zusammenfasst.

(Die Autoren)

M 2

FAIRNESS AUF DEM RASEN

Der Fußball-Ehrenkodex

1. → Spiele, um zu gewinnen.
2. → Spiele fair.
3. → Halte Dich an die Spielregeln.
4. → Respektiere Gegner, Mitspieler, Spielleiter, Offizielle und Zuschauer.
5. → Akzeptiere eine Niederlage mit Würde.
6. → Fördere die Interessen des Fußballs.
7. → Lehne Korruption, Drogen, Rassismus, Gewalt und andere Gefahren für unseren Sport ab.
8. → Hilf anderen, schlechten Einflüssen zu widerstehen.
9. → Prangere jene an, die versuchen, unserem Sport zu schaden.
10. → Ehre jene, die die Interessen des Fußballs verteidigen.

Focus Magazin Verlag, München

M 3 Fairness im Umgang mit Kindern

1. Du sollst Kinder besonders hoch schätzen.
2. Du sollst den Kindern __________________, ihren eigenen Weg zu finden.
3. Du sollst mit deinen Kindern __________________.
4. Du sollst die Persönlichkeit von Kindern __________________.
5. Du sollst Gewalt gegen Kinder __________________.
6. Du sollst Liebe und Vertrauen im Umgang mit Kindern __________________.
7. Du sollst das Eigentum der Kinder __________________.
8. Du sollst Unehrlichkeit gegenüber Kindern __________________.
9. Du sollst die Bedürfnisse von Kindern __________________.
10. Du sollst dich an die Rechte der Kinder __________________.

Arbeitsaufgaben:
- Ergänze die Sätze mit passenden Verben aus dem Fußball-Ehrenkodex.
- Suche drei heraus, die dir am wichtigsten sind. Begründe deine Auswahl.
- Formuliere mit fünf Verben aus M 1/M 2 Regeln für das Verhältnis Schüler – Lehrer.

(Die Autoren)

M 1 Sprichwörter

Eine Lüge ✳ kurze Beine ✳ ist eine ganze Lüge ✳ und wenn er auch ✳
Ein Lügner muss ✳ nicht ✳ und Lawinen ✳ schleppt ✳
zehn andere ✳ haben ✳ Lügen ✳ nach sich ✳ Eine halbe Wahrheit ✳
wachsen immer ✳ dem glaubt man ✳ die Wahrheit spricht ✳
ein gutes Gedächtnis haben ✳ Lügen ✳ Wer einmal lügt ✳

Arbeitsaufgabe:
Stelle aus den Satzteilen sechs Sprichwörter zum Thema „Lüge" zusammen.

(Die Autoren)

M 2 Warum Menschen lügen

Menschen lügen, …	häufig	gelegentlich	nie
… weil sie Angst haben.	○	○	○
… weil sie sich herausreden wollen.	○	○	○
… weil sie Fehler nicht zugeben wollen.	○	○	○
… weil sie vor anderen gut dastehen wollen.	○	○	○
… weil sie sich daran gewöhnt haben.	○	○	○
… weil sie jemandem schaden wollen.	○	○	○
… weil sie dazu erzogen wurden.	○	○	○
… weil sie neidisch sind.	○	○	○
… weil sie dazu veranlagt sind.	○	○	○
… weil sie nicht an Gott glauben.	○	○	○
… weil sie oberflächlich leben.	○	○	○
… weil ______________________________ .	○	○	○
… weil ______________________________ .	○	○	○
… weil ______________________________ .	○	○	○

Arbeitsaufgaben:
- Bewerte die Gründe für das Lügen durch Ankreuzen.
- Ergänze weitere Gründe.

(Die Autoren)

M 3

A. Paul Weber, Das Gerücht

M 4

Willi Hoffsümmer, Die schwatzhafte Frau und der Rabbi

Eine klatschsüchtige Frau, die gern Gerüchte über andere Menschen in die Welt setzte, bekam von dem Rabbi eine merkwürdige Buße auf: „Geh heim, schneide ein Kopfkissen auf und streue die Bettfedern auf die Straße. Dann komme wieder." Als sie wiederkam, sagte der Rabbi: „Du gehst jetzt sofort los und sammelst alle Federn wieder ein." Die Frau schlug die Hände über dem Kopf zusammen. „Das ist doch unmöglich. Der Wind hat sie in der ganzen Stadt verstreut." Der Rabbi antwortete:

____

____

____

Arbeitsaufgabe:
Schreibe eine Antwort des Rabbi.

M 5 Wahrhaftigkeit – Unwahrhaftigkeit

Wahrhaftig nennen wir einen Menschen, der immer bemüht ist, die Wahrheit zu sagen. Er kann Fehler zugeben, auch wenn dies unangenehme Folgen für ihn hat. Er sucht keine Ausreden, ist offen und verlässlich in seinem Reden und Handeln. Er lügt nicht. Wenn Reden und Handeln nicht übereinstimmen, empfinden wir einen Menschen als unwahrhaftig. Unwahrhaftige Menschen wirken auf ihre Umgebung unglaubwürdig. Dies geschieht z. B. dort, wo jemand sich durch eine Notlüge einen Vorteil verschaffen will. Nicht selten fördert eine solche Notlüge betrügerisches Verhalten und Egoismus. Häufige Notlügen wirken sich auf das Zusammenleben von Menschen zerstörerisch aus. Allerdings ist eine Notlüge anders zu bewerten, wenn sie Mitmenschen vor schlimmem Schaden und ungerechter Behandlung bewahrt. In der Zeit des Nationalsozialismus wurden durch solche Lügen Menschen vor Verfolgung, Verhaftung, manchmal vor sicherem Tod gerettet. In bestimmten Situationen ist es wahrhaftig, Wissen zu verschweigen. Dadurch werden Menschen geschützt, Vertrauen und zuverlässige Beziehungen gestärkt.

Mitleid, Ehrlichkeit, Zivilcourage und Nächstenliebe sind mit Wahrhaftigkeit eng verbunden. Wahrhaftigkeit und Unwahrhaftigkeit sind im Alltag oft nicht leicht zu unterscheiden. Es braucht Aufmerksamkeit und Menschenkenntnis, um unwahrhaftiges Reden und Handeln zu erkennen.

M 6 Beispiele für Wahrhaftigkeit und Unwahrhaftigkeit

Arbeitsaufgabe:
Notiere unter jedes Beispiel passende Begriffe aus M 5.

1. Simon hat als Einziger gesehen, dass sein Freund Jochen mit dem Fahrrad eine riesige Schramme in ein parkendes Auto gemacht hat. Auch der Außenspiegel ist beschädigt. Dem Besitzer des Autos gegenüber behauptet er, ein anderer PKW hätte sein Fahrzeug gestreift.

   ____

2. Dieses Jahr ist Kerstin stark versetzungsgefährdet. Ihre Eltern haben schon mehrfach angekündigt, sie nicht mehr zum Handballspielen gehen zu lassen, wenn sie nicht bessere Noten schreibe. Gestern hat sie in Englisch wieder eine 5 herausbekommen. Zu Hause erzählt sie, dass diese Arbeit nicht zähle.

   ____

3. Timo, Matthias und Lars liefern sich mal wieder eine Wasserschlacht im Klassenzimmer. Als die Lehrerin hereinkommt, sind überall Wasserlachen. „Diejenigen, die das angerichtet haben, bringen das augenblicklich in Ordnung!", verlangt sie ärgerlich. Wortlos wischt Timo das Wasser auf. Er allein.

   ____

4. Die Eltern sind seit langem mal wieder gemeinsam zum Kegeln gegangen. Heiko und Susanne haben versprochen, rechtzeitig zu Bett zu gehen. Am nächsten Morgen muss die Mutter sie mehrmals wecken und fragt schließlich beim Frühstück, was los sei. Ein wenig verlegen gibt Susanne zu, dass sie bis kurz vor Mitternacht vor dem Fernseher gesessen sind.

   ____

5. Seit zwei Wochen ist Dianas Vater arbeitslos. Wenn er nicht gerade im Garten zu tun hat, läuft er ziemlich unzufrieden durch die Gegend. Im Gemeinschaftskundeunterricht spricht der Lehrer Diana plötzlich auf die Arbeitslosigkeit ihres Vaters an. Er fragt sie, warum ihr Vater die Stelle verloren habe. Diana bringt kein einziges Wort heraus. Sie schweigt.

   ____

6. Holgers Vater ist oft jähzornig und schlägt auch manchmal seine Kinder. Wieder einmal wartete er auf Holger, der ihm beim Pflastern eines Gartenweges helfen sollte. Holger hatte die Abmachung vergessen und verbrachte den Nachmittag mit Frank beim Computerspielen. Als Holgers Vater voller Wut bei Frank anrief, weil er Holger dort vermutete, nimmt Frank seinen Freund Holger in Schutz. Er behauptet, sie hätten heute mehr Hausaufgaben als sonst bekommen und zusammen erledigt.

   ____

(Beide Materialien: Die Autoren)

M 7

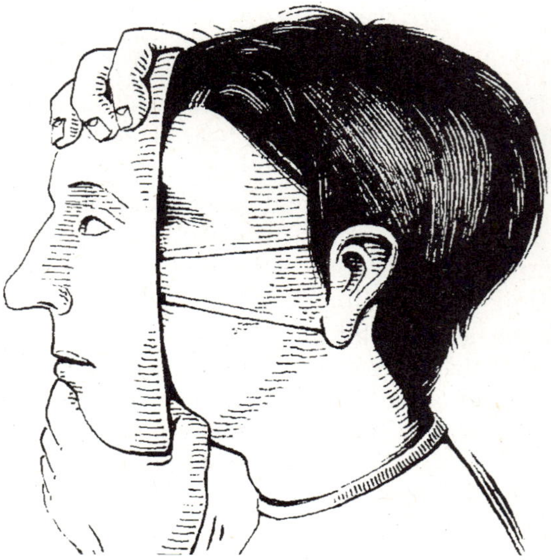

M 8

Sabine Naegeli:

Das Schweigen brechen

Oh Gott,
ich konnte es dem geliebten Menschen
bisher nicht sagen,
in welch ausweglose Not
mein Leben geraten ist.
Ich habe Angst,
ihm Lasten aufzubürden,
die für ihn
zu schwer sind.
Ich habe Angst,
ihn zu erschrecken
und ratlos zu machen.
Seinem Fragen
bin ich ausgewichen.
Aber heute
habe ich gespürt,
wie schmerzlich es für ihn ist,
ausgeschlossen zu sein
von dem, was mich umtreibt.
Ich lasse ihn
mit allem Suchen und Vermuten
allein.
Gib mir behutsame Worte,
mich aufzuschließen.
Gib uns die Kraft,
die Last
die Liebe
miteinander zu tragen.

M 7: Sven Palmowski, Stuttgart
M 8 u. M 9 aus: Sabine Naegeli, Du hast mein Dunkel geteilt.
Verlag Herder, Freiburg 16. Aufl. 1997

M 9

Sabine Naegeli:

Wer bin ich?

Ich bin des Maskentragens so müde,
mein Gott,
und doch kann ich mich meiner Maske
nicht entledigen.
Wir oft sieht es so ganz anders aus in mir,
als ich mich nach außen hin gebe.
Ich habe Angst,
mich dem Nichtverstehen auszusetzen,
dem Nichtangenommensein,
wenn ich mich schwach zeige.
Ich fürchte ganz allein dazustehen
mit meiner Art,
Menschen und Dinge zu sehen.
Mir ist bange
vor dem unbarmherzigen Zugriff derer,
die vorschnell mit starren Urteilen
bei der Hand sind.
Du weißt,
dass ich in so vielem nicht der bin,
für den meine Umwelt mich hält.
Mich zu verbergen
verleiht mir ein Stück Sicherheit,
aber es macht mich auch einsam.
[…]
Du siehst mich an, mein Gott.
Du kennst mich.
Vor dir kann ich rückhaltlos ausbreiten,
was mich im Innersten bewegt.
Ich bin immer schon verstanden.
Ich bin immer schon angenommen.
Deinen Augen bin ich kostbar,
wie unansehnlich
ich mir selber auch vorkommen mag.
Dein Gedanke bin ich.
Hilf mir, dass ich mich sehen lerne
im Spiegel deines Angesichtes.

„Selig sind die Sanftmütigen; denn sie werden das Land besitzen.“
(Mt 5,5)

M 1

Selig, die Verständnis zeigen ...

Selig,
die Verständnis zeigen
für meinen stolpernden Fuß und
meine lahme Hand.

Selig,
die begreifen, dass mein Ohr sich
anstrengen muss, um alles aufzu-
nehmen, was man zur mir spricht.

Selig,
die zu wissen scheinen,
dass meine Augen trüb und meine
Gedanken träge sind.

Selig,
die mit freundlichem Lachen ver-
weilen, um ein wenig mit mir zu
plaudern.

Selig,
die niemals sagen:
„Das haben Sie mir heute schon
zweimal erzählt.“

Selig,
die es verstehen,
Erinnerungen an frühere Zeiten in
mir wachzurufen.

Selig,
die mich erfahren lassen,
dass ich geliebt, geachtet und nicht
allein gelassen bin.

Selig, die in ihrer Güte die Tage,
die mir noch bleiben, erleichtern.

aus Afrika

M 2

Seligpreisungen für Eltern und Lehrer

Selig,
die Verständnis zeigen
für meine Unsicherheit in der Klasse.

Selig,
die begreifen,
dass ich länger brauche,
um etwas zu verstehen und zu lernen.

Selig,
die zu wissen scheinen,
wie schwer ich es zu Hause mit meinen Eltern habe.

Selig,
die mit einem freundlichen Wort versuchen,
mir Mut zu machen.

Selig,
die niemals sagen,
____
____

Selig,
die es verstehen,
____
____

Selig,
die mich erfahren lassen, dass
____
____

Selig,
die ___________________________
____

(Die Autoren)

Arbeitsaufgabe:
Ergänze die angefangenen Sätze nach dem Beispiel der vorgegebenen Sätze.

M 3

Zuspruch und Anspruch der Seligpreisungen (Mt 5,3–12)

Selig, die arm sind vor Gott;
denn ihnen gehört das Himmelreich.

Selig die Trauernden;
denn sie werden getröstet werden.

Selig, die keine Gewalt anwenden;
denn sie werden das Land erben.

Selig, die hungern und dürsten nach der Gerechtigkeit;
denn sie werden satt werden.

Selig die Barmherzigen;
denn sie werden Erbarmen finden.

Selig, die ein reines Herz haben;
denn sie werden Gott schauen.

Selig, die Frieden stiften;
denn sie werden Söhne Gottes genannt werden.

Selig, die um der Gerechtigkeit willen verfolgt werden;
denn ihnen gehört das Himmelreich.

Selig seid ihr, wenn ihr um meinetwillen beschimpft und verfolgt und auf alle mögliche Weise verleumdet werdet.
Freut euch und jubelt: Euer Lohn im Himmel wird groß sein.

M 4

Seligpreisungen heute?

Das alles solltest du tun, damit du selig wirst.

Du wirst glücklich genannt,
ohne etwas dafür tun zu müssen.

Die Seligpreisungen gelten
nur für gläubige Menschen.

Die Seligpreisungen sprechen
dich im Gewissen klar an.

Das alles musst du eigentlich tun!

Nun reiß' dich zusammen!

Mit den Seligpreisungen
lässt sich nicht regieren.

Werde so fehlerfrei, dass auch du Gott recht bist!

Du wirst ohne Vorleistung
von Gott angenommen.

Es gibt Glück im Leben
ohne herausragende Taten.

Auch der kleinste Einsatz ist vor Gott wertvoll.

(Die Autoren)

M 1 Schuld – keine Schuld

	Schuld	keine Schuld	Begriff
1. Bernd hat statt des Englischbuches sein Musikbuch eingepackt.			
2. Martina fällt leider zu spät ein, dass sie ihrem Onkel den falschen Weg zur Autobahn gezeigt hat.			
3. Florian hat heute in der großen Pause grundlos die Fahrradreifen einiger Jungen der 7c aufgeschlitzt.			
4. Niemand reagierte auf die Aufforderung der SMV, die Aktion ‚Schüler helfen Schülern' zu unterstützen.			
5. Mehrere Wochen lang hat Sylvia ihre Mitschülerin Frauke im Krankenhaus besucht und mit ihr die Hausaufgaben gemacht. Kaum ist Frauke wieder in der Schule, nimmt sie keine Notiz mehr von Sylvia.			
6. Die Klasse 8c hat ihr Fußballspiel gegen die Parallelklasse verloren, weil Peter den Ball in seiner Aufregung dem Gegner vor die Füße gespielt hat.			
7. Ich habe einfach keine Lust, mich in einer Jugendgruppe zu engagieren. Da müsste ich mich dauernd nach anderen richten.			
8. Nun hat Herr Wolf, der Französischlehrer, die Arbeit diese Woche doch nicht zurückgegeben. Er hatte Rückenschmerzen und musste sich öfter hinlegen.			
9. Zwei Jugendliche schlugen einen Rentner nieder und entwendeten seinen Geldbeutel.			

Arbeitsaufgaben:
- Kreuze an, ob im geschilderten Fall Schuld oder keine Schuld vorliegt.
- Notiere zu jedem Fall einen der folgenden Begriffe: Irrtum, Lieblosigkeit, Versehen, Egoismus, Habgier, Schwachheit, Fehler, Gleichgültigkeit, Bösartigkeit

(Die Autoren)

M 2

Abgrenzung Schwäche – Schuld

Leicht lassen sich Beispiele selbstlosen Einsatzes, der Verantwortung füreinander und der Nächstenliebe bei uns finden. Trotzdem sind unser Leben und die Welt von Schuld und Versagen geprägt. Es ist nicht immer einfach, diese Schuld im Alltag zu erkennen. Sehr oft können wir nicht unterscheiden, ob wirklich Schuld vorliegt oder nur ein Versehen, ein Fehler oder ganz einfach menschliche Schwachheit. Verweigere ich z. B. einen notwendigen Besuch – ist es dann eindeutig Schuld oder bin ich einfach zu müde, diesen Besuch zu machen? Nenne ich z. B. einem abwesenden Mitschüler die falschen Seitenzahlen für die Englischhausaufgaben – bin ich dann schuldig geworden oder habe ich nur nicht richtig hingehört und mich geirrt? Durch eine Unaufmerksamkeit beim Spiel kann ich den Sieg der ganzen Mannschaft leichtsinnig verspielen.
In den meisten Fällen können wir bei Müdigkeit, Irrtum und Unaufmerksamkeit nicht von Schuld sprechen. Es handelt sich eher um Schwäche, die aus unserer menschlichen Begrenztheit folgt.
Fahre ich allerdings zu schnell durch eine Ortschaft, werde ich schuldig, weil ich die Geschwindigkeitsbegrenzung missachte. Absichtlich und bewusst nehme ich mögliche Gefährdungen anderer Menschen in Kauf. Aber nicht allein durch Übertreten der Straßenverkehrsordnung können wir schuldig werden, in vielen Alltagssituationen laden wir Schuld auf uns. Wenn wir ein Versprechen nicht einhalten, ohne Not andere belügen, absichtlich bösartige Gerüchte weitererzählen, jemanden links liegen lassen oder aus Bequemlichkeit Hilfe verweigern. Bei all diesen Beispielen fordert uns kein Gesetz dazu auf, dies zu unterlassen. Von Schuld können wir dennoch sprechen, weil wir frei gegen einen Anspruch handeln, der das Zusammenleben regelt. Dieser Anspruch kommt z. B. in Umgangsformen, Sitten, besonders in den Menschenrechten, im Gebot der Nächstenliebe oder der Botschaft des Glaubens zum Ausdruck. Die Freiheit der Entscheidung und der Anspruch des Guten spielen also eine entscheidende Rolle, um von Schuld sprechen zu können.
Psychologie und Soziologie weisen uns darauf hin, dass der Freiraum unserer Entscheidungen durch die Erziehung und die Gesellschaft eingeschränkt werden kann. Dann können wir uns nicht mehr ganz frei entscheiden und verantwortlich handeln. Folglich können wir hier nicht mehr so eindeutig von Schuld sprechen.
Im Alltag bleibt es schwer zu entscheiden, ob wirkliche Schuld oder menschliche Schwäche vorliegt. Diese Entscheidung erfordert ein klar sprechendes Gewissen.

(Die Autoren)

M 3

Der Sündenfall (nach Gen 2 und 3)

Gott, der Herr, schuf einen Garten und setzte die ersten Menschen hinein, die er gebildet hatte. Und sie sollten den Garten bebauen und bewahren. Dazu setzte Gott ihnen eine Grenze und sagte: „Ihr dürft von allen Bäumen im Garten essen, nur von einem Baum, dem Baum der Erkenntnis des Guten und Bösen, esst nicht! Wenn ihr davon esst, müsst ihr sterben."
Aber die Schlange war listiger als alle Tiere, die Gott erschaffen hatte und wusste, dass Menschen sein wollen wie Gott. Sie sprach: „Hat Gott wirklich gesagt, ihr dürft von keinem Baum im Garten essen? Sollte er euch so einengen? Ich dagegen sage euch: Ihr werdet nicht sterben, sondern ohne Einschränkungen leben. Greift ruhig zu! Die Überschreitung der Grenze wird euch die Augen öffnen für Gut und Böse."
Die Menschen sahen, dass von dem Baum gut zu essen wäre. Seine Früchte sahen verlockend aus. Wer wollte nicht klug sein und entscheiden können über Gut und Böse? Vergessen war jetzt die Weisung Gottes. Vergessen, dass Gott sie reich beschenkt hatte. Die Menschen konnten nur sich selbst sehen. Sie dachten daran, wie sie ihr Leben steigern könnten. So nahmen sie von den Früchten des Baumes und aßen. Da gingen den Menschen die Augen auf, sie schämten sich und versteckten sich vor Gott. Doch Gott, der Herr, ging den Menschen nach. Er rief sie und stellte sie zur Rede: „Ich habe euch verboten, von diesem einen Baum zu essen! Musstet ihr der falschen Stimme folgen? Die Schlange hat euch zum Bösen überredet. Ihr hattet die freie Wahl. Nun habt ihr das Vertrauen zwischen euch und mir zerstört! Nun müsst ihr die Folgen eures Tuns tragen."
Und Gott, der Herr, trieb die Menschen aus dem Garten, blieb ihnen aber weiterhin zugewandt.

(Die Autoren)

M 1

„Sein Gewissen war rein.
Er benutzte es nie.“

Stanislaw J. Lec (1909 – 1966)

Arbeitsaufgabe:
Notiere Einfälle zu diesem Spruch.

(Die Autoren)

M 2

Lothar Zenetti:

Auf der Suche nach Schuldlosen

Nein, freizusprechen ist da keiner –

Der, wie er sagt,
noch keinen umgebracht hat,
der war vielleicht
nur weit genug vom Schuss
und hatte es nicht nötig,
sich zu schlagen.

Der, wie er sagt,
noch keinem Hungernden,
der ihn darum bat,
das Brot verweigert hat,
der aß sein Brot vielleicht
in einem satten Land und aß es fern
und ungestört von aller Not der Welt
in seinem Haus mit Butter und mit Wurst.

Der, wie er sagt,
noch keinen Streit begonnen hat,
der nahm vielleicht ganz einfach hin
die Ungerechtigkeit und fand es
nicht der Rede und des Streitens
wert, noch was dran zu ändern.

Nein, freizusprechen ist da keiner.

Nein, freizusprechen ist da keiner –

Der, wie er sagt,

Der, wie er sagt,

Der, wie er sagt,

Nein, freizusprechen ist da keiner.

(Die Autoren)

Arbeitsaufgabe:
Ergänze jeweils den Textanfang durch ein eigenes Beispiel.

M 3

Ludwig Kerstiens:

Ein gutes Gewissen

Ein ____________ Gewissen
ist ein sanftes ________________ .
Dann ist das schlechte Gewissen
ein __________ Kissen,
auf dem man nicht ____________ ,
von dem man ________________
und nachdenkt
über das Halbgelungene,
über das ______________
das man ___________ hat.
Was man _________ und gesagt,
lässt einen nicht zur Ruhe kommen,
man wird ________________ ,
______ etwas
und beseitigt die guten Sprichwörter
und frommen, nichtssagenden Redensarten
und wird wieder ______________ .

Lückenwörter:

unterlassen – gutes – Gute – getan – glaubhaft – Ruhekissen – unruhiges – erfinderisch – einschläft – wagt– aufschreckt

Arbeitsaufgabe:
Setze die Lückenwörter passend ein.

M 4

Ludwig Kerstiens:

Das gute schlechte Gewissen

Das schlechte Gewissen ist gut, weil es den Menschen nicht einschlafen lässt, weil es ihn in Bewegung setzt auf das Gute hin, weil es ihn aufschreckt aus den gedankenlosen Gewohnheiten. [...]
Indem das Gewissen das Handeln als böse beurteilt, gibt es dem Menschen den Blick auf das mögliche Gute frei, von dem er sich in Anspruch nehmen lassen sollte. Die Erfahrung des schlechten Gewissens wird zur Erkenntnis des Guten und zum Antrieb, sich an ihm zu orientieren.
Noch in einem dritten Sinne kann man das schlechte Gewissen gut nennen. Es besteht die Gefahr, dass das Gewissen verstummt, dass die Menschen vor sich hinleben, ohne dass sie ihr Handeln dem Urteil des Gewissens aussetzen. Wer noch ein schlechtes Gewissen hat, zeigt gerade dadurch, dass sein Gewissen wach und sensibel ist. Wenn das Gewissen noch spricht, ist es gut, weil es seine Aufgabe, den Menschen auf den Weg zum Guten zu bringen, erfüllt.
Das Erlebnis des schlechten Gewissens muss mit vielen Begriffen beschrieben werden, da keiner es umfassend widerspiegelt. „Erfahren wird das schlechte Gewissen psychisch als ‚Unruhe', ‚Schmerz', ‚Vorwurf', ‚Angst', ‚Scham' und eben zentral als Bewusstsein der ‚Schuld'" (Nipkow 1981, 122). Das bohrende Gefühl: „Das hättest du nicht tun dürfen!", lässt den Menschen nicht los, auch wenn er sich dagegen wehrt.
[...] Schließlich stellt das schlechte Gewissen den Menschen vor die andere Person. Der Betroffene sieht, dass er vor dem anderen nicht bestehen kann. Der Mensch mit einem schlechten Gewissen zieht sich von den anderen zurück und isoliert sich; er verbirgt sich hinter ablenkendem Tun. Theologisch gesehen, vollzieht sich Ähnliches in der Gottesbeziehung. Adam versteckte sich, als er gesündigt hatte. Die eigene Schuld zu bekennen und zu ihr zu stehen, ist bereits ein Schritt aus der Schuld heraus. [...]

Beide Materialien aus: Ludwig Kerstiens, Das Gewissen wecken, Gewissen und Gewissensbildung im Ausgang des 20. Jahrhunderts. Verlag Julius Klinkhardt, Bad Heilbrunn/ Obb. 1987, S. 65f.

M 1

Josef Reding:

Generalvertreter Ellebracht begeht Fahrerflucht

Ich habe nicht auf die neue Breite geachtet, dachte Ellebracht. Nur deswegen ist es so gekommen.
Der hemdsärmelige Mann hob die rechte Hand vom Lenkrad ab und wischte sich hastig über die Brust. Als er die Hand zurücklegte, spürte er, dass sie noch immer schweißig war, so schweißig wie sein Gesicht und sein Körper. Schweißig vor Angst. Nur wegen der Breite ist alles gekommen, dachte der Mann wieder. Er dachte es hastig. Er dachte es so, wie man stammelt. Die Breite des Wagens, diese neue, unbekannte Breite. Ich hätte das bedenken sollen.
Jäh drückte der Fuß Ellebrachts auf die Bremse. Der Wagen kreischte und stand. Eine Handbreit vor dem Rotlicht, das vor dem Eisenbahnübergang warnte.
Fehlte gerade noch!, dachte Ellebracht. Fehlte gerade noch, dass ich nun wegen einer so geringen Sache wie Überfahren eines Stopplichtes von der Polizei bemerkt werde. Das wäre entsetzlich. Nach der Sache von vorhin …
Mit hohlem Heulen raste ein D-Zug vorbei. Ein paar zerrissene Lichtreflexe, ein Stuckern, ein verwehter Pfiff. Die Ampel klickte auf Grün um. Ellebracht ließ seinen Wagen nach vorn schießen. Als er aufgeregt den Schalthebel in den dritten Gang hineinstieß, hatte er die Kupplung zu nachlässig betätigt. Im Getriebe knirschte es hässlich. Bei dem Geräusch bekam Ellebracht einen üblen Geschmack auf der Zunge. Hört sich an wie vorhin, dachte er. Hört sich an wie vorhin, als ich die Breite des Wagens nicht richtig eingeschätzt hatte. Dadurch ist es passiert. Aber das wäre jedem so gegangen. Bis gestern hatte ich den Volkswagen gefahren. Immer nur den Volkswagen, sechs Jahre lang. Und heute morgen zum ersten Male diesen breiten Straßenkreuzer. Mit dem VW wäre ich an dem Radfahrer glatt vorbeigekommen. Aber so … Fahr langsamer, kommandierte Ellebracht sich selbst. Schließlich passiert noch ein neues Unglück in den nächsten Minuten. Jetzt, wo du bald bei Karin bist und den Kindern.
Karin und die Kinder. Ellebrachts Schläfen pochten. Er versuchte, sich zu beruhigen: Du musstest weg von der Unfallstelle, gerade wegen Karin und der Kinder. Denn was wird, wenn du vor Gericht und ins Gefängnis musst? Die vier Glas Bier, die du während der Konferenz getrunken hast, hätten bei der Blutprobe für deine Schuld gezeugt, und dann? Der Aufstieg deines Geschäfts wäre abgeknickt worden. Nicht etwa darum, weil man etwas Ehrenrühriges in deinem Unfall gesehen hätte … Kavaliersdelikt! Nein, nicht vor der Schädigung meines Rufes fürchte ich mich. Aber die vier oder sechs Wochen, die ich vielleicht im Gefängnis sitzen muss, die verderben mir das Konzept! Während der Zeit schickt die Konkurrenz ganze Vertreterkolonnen in meinen Bezirk und würgt mich ab. Und was dann? Wie wird es dann mit diesem Wagen? Und mit dem neuen Haus? Und was sagt Ursula, die wir aufs Pensionat in die Schweiz schicken wollten?
„Du hast richtig gehandelt!“, sagte Ellebracht jetzt laut zu sich selbst, und er verstärkte den Druck auf das Gaspedal. „Du hast so gehandelt, wie man es als Familienvater von dir erwartet.“
Verdammte Rotlichter!, dachte Ellebracht weiter und brachte den Wagen zum Stehen. Ich will nach Hause. Ich kann erst ruhig durchatmen, wenn der Wagen in der Garage steht und ich bei der Familie bin.
Und wann ist der Mann mit dem Fahrrad bei seiner Familie? Der Mann, der mit ausgebreiteten Armen wie ein Kreuz am Straßenrand gelegen hat? Der Mann, der nur ein wenig den Kopf herumdrehte – du hast es im Rückspiegel deutlich gesehen – als du den bereits abgestoppten Wagen wieder anfahren ließest, weil dir die wahnsinnige Angst vor den Folgen dieses Unfalls im Nacken saß? Du, wann ist dieser Mann bei seiner Familie?
Jetzt werd bloß nicht sentimental!, dachte Ellebracht. Jetzt werd bloß nicht dramatisch! Bist doch ein nüchterner Geschäftsmann! Ellebracht sah stur nach vorn und erschrak. Da war ein Kreuz … So ein Kreuz, wie es der Mann vorhin gewesen war. Ellebracht versuchte zu grinsen. Kriege dich bloß wieder ein, dachte er. Du siehst doch, was es ist. Das war mal das Firmenzeichen auf der Kühlerhaube. Es ist von dem Zusammenprall mit dem Fahrrad abgeknickt worden und hat sich zu einem Kreuz verbogen.
Ellebracht konnte nicht anders. Er musste immerfort auf dieses Kreuz starren. Ich steige aus und biege das Ding wieder zurecht. Schon tastete seine Hand zum Türgriff, als er zusammenzuckte. Am Kreuz schillerte es, verstärkt durch das Licht der Signalampel.
„Ich muss nach Hause!“, stöhnte Ellebracht und schwitzte noch mehr. „Wann kommt denn endlich Grün?“
Die feuchten Finger zuckten zum Hemdkragen, versuchten, den Knopf hinter der Krawatte zu lösen. Aber der Perlmutterknopf entglitt einige Male dem Zugriff. Der Schwitzende riss einfach den Hemdkragen auf und fuhr an.
Das Kreuz macht mich verrückt, dachte er. Ich kann das nicht mehr sehen! Und wie der Mann dalag. Ob man ihn jetzt schon gefunden hat? Ob er schon so kalt und starr ist wie das Kreuz vor mir?
Ellebracht stoppte. Diesmal war kein Rotlicht da. Nichts …
„Ich kann so nicht nach Hause!“, flüsterte der Schwitzende. „Ich kann so nicht zu Karin und den Kindern zurück. Ich kann so zu niemandem zurück!“ […]

aus: Josef Reding, Nennt mich nicht Nigger. Paulus, Recklinghausen 1964

M 2

Entlastung und Anklage

entlastend:

belastend:

mögliches Handeln:

(Die Autoren)

Arbeitsaufgaben:
- Trage entlastende und belastende Gewissensäußerungen Ellebrachts ein.
- Überlege, wie Ellebracht jetzt handeln könnte.

M 1

Kurt Marti:

jesus

mit einer schar von freunden (freundinnen auch)
durch galiläas dörfer und städte ziehend
hat er kranke geheilt und geschichten erzählt
von der weltleidenschaft des ewigen gottes

privilegien der klasse der bildung galten ihm nichts
zu seinem umgang zählten tagelöhner und zöllner
wo mangel sich zeigte an nahrung oder getränk
teilte er fische, brot und wein aus für viele

die gewalt von gewalthabern verachtete er
gewaltlosen hat er die erde versprochen
sein thema: die zukunft gottes auf erden
das ende von menschenmacht über menschen

in einer patriarchalischen welt blieb er der sohn
und ein anwalt unmündiger frauen und kinder
wollten galiläer ihn gar zum könig erheben? er aber
ging hinauf nach jerusalem: direkt seinen gegnern ins garn

auf einem jungesel kam er geritten – kleinleute-messias:
die finger einer halbweltdame vollzogen die salbung an ihm …
bald verwirrt bald euphorisch folgten ihm die freunde die jünger
um bei seiner verhaftung ratlos unterzutauchen ins dunkel

über sein schweigen hin rollte der schnelle prozeß
ein afrikaner schleppte für ihn den balken zum richtplatz hinaus
stundenlang hing er am kreuz: folter mit tödlichem ausgang –
drei tage später die nicht zu erwartende wendung

anstatt sich verstummt zu verziehen ins bessere jenseits
brach er von neuem auf in das grausame diesseits
zum langen marsch durch die viellabyrinthe
der völker der kirchen und unserer unheilsgeschichte

oft wandelt uns jetzt die furcht an er könnte
sich lang schon verirrt und verlaufen haben
entmutigt verschollen für immer vielleicht – oder bricht er
noch einmal (wie einst an ostern) den bann?

und also erzählen wir weiter von ihm
die geschichten seiner rebellischen liebe
die uns auferwecken vom täglichen tod –
und vor uns bleibt: was möglich wär' noch

M 2

Dieter Schupp:

Was Jesus an seinem siebenundzwanzigsten Geburtstag von seiner Familie vermutlich alles zu hören bekam

Mach nur so weiter. Es wird böse enden.
Du hast Rosinen im Kopf!
Irgendwie nimmst du dir alles zu sehr zu Herzen.
Mach dir nicht zu viele Gedanken.
Du bist ein Träumer.
Nimm dir ein Beispiel an deinen Brüdern.
Sei nicht so sorglos.
Sei nicht so empfindlich.
Vielleicht bist du einfach zu wehleidig.
Du kannst nichts machen.
Mit der Wahrheit kommt man nicht allzu weit.
Es ist unmöglich, mit allen leiden zu wollen.
Überlass das den Fachleuten.
Misch dich nicht ein.
Du musst härter werden.
Es ist besser für dich, wenn du dich mehr zurückhältst.
Armut, Leid und Hoffnungslosigkeit
hat es schon immer gegeben.
Du musst doch auch einmal an dich denken.
Wage dich nicht zu weit vor, das zahlt sich nicht aus.
Du wirst mit der Zeit einsam werden.
Alles ist so, wie es ist.
Kein Mensch soll sich überschätzen.
Du verschwendest nur deine Zeit.
Es gibt Wichtigeres zu tun.
Unmöglich ist, an allem Anteil nehmen zu wollen.
Gott wird es schon richten.
Mach dir um Himmels willen keinen unnötigen Ärger.
Gib Ruhe.
Nimm doch nicht alles so ernst.
Möglicherweise nimmst du dich zu wichtig.

M 1

Die Berufung der ersten Jünger

5 Als Jesus am Ufer des Sees Gennesaret stand, drängte sich das Volk um ihn und wollte das Wort Gottes hören. [2] Da sah er zwei Boote am Ufer liegen. Die Fischer waren ausgestiegen und wuschen ihre Netze. [3] Jesus stieg in das Boot, das dem Simon gehörte, und bat ihn, ein Stück weit vom Land wegzufahren. Dann setzte er sich und lehrte das Volk vom Boot aus. [4] Als er seine Rede beendet hatte, sagte er zu Simon: Fahr hinaus auf den See! Dort werft eure Netze zum Fang aus! [5] Simon antwortete ihm: Meister, wir haben die ganze Nacht gearbeitet und nichts gefangen. Doch wenn du es sagst, werde ich die Netze auswerfen. [6] Das taten sie, und sie fingen eine so große Menge Fische, dass ihre Netze zu reißen drohten. [7] Deshalb winkten sie ihren Gefährten im anderen Boot, sie sollten kommen und ihnen helfen. Sie kamen, und gemeinsam füllten sie beide Boote bis zum Rand, sodass sie fast untergingen. [8] Als Simon Petrus das sah, fiel er Jesus zu Füßen und sagte: Herr, geh weg von mir; ich bin ein Sünder. [9] Denn er und alle seine Begleiter waren erstaunt und erschrocken, weil sie so viele Fische gefangen hatten; [10] ebenso ging es Jakobus und Johannes, den Söhnen des Zebedäus, die mit Simon zusammenarbeiteten. Da sagte Jesus zu Simon: Fürchte dich nicht! Von jetzt an wirst du Menschen fangen. [11] Und sie zogen die Boote an Land, ließen alles zurück und folgten ihm nach.

Lk 5,1–11

M 2

Gespräch der Jünger

Die drei Fischer Simon, Jakobus und Johannes fischen zusammen wie früher vor ihrer Berufung durch Jesus. Nachdem sie die Netze ausgelegt haben, unterhalten sie sich über ihre Begegnungen mit Jesus. Heute reden sie wieder über diesen reichen Fischzug vor einiger Zeit und Simons eigenartiges Verhalten damals.

Johannes:
So ein toller Fang käme mir jetzt wieder gerade recht. Mit dem Geld für die Fische könnte ich mir endlich ein neues Ruder machen lassen.

Jakobus:
Weißt du noch, wie wir in der Mittagshitze geschuftet haben, um die vielen Fische an Land zu bringen? Fast wäre unser Boot untergegangen. Gelohnt hat sich die Mühe aber doch, denn der Fang war der beste im ganzen Jahr.

Simon:
Ihr redet, als sei dies ein Ereignis aus vergangenen Tagen. Für mich hatte das noch ganz andere Folgen. An den Verkauf der Fische denke ich jetzt am allerwenigsten. Mir geht die überraschende Begegnung mit Jesus noch nach. Wisst ihr noch?

Jakobus:
Ich erinnere mich schon noch, aber verstehen kann ich bis heute noch nicht, was damals zwischen dir und Jesus los war. Anstatt dich über diesen Wahnsinnsfang zu freuen, hast du irgendetwas über Sünde dahergeredet.

Johannes:
Ich erinnere mich auch noch: Du hast geschrien: ‚Geh' weg von mir!‘ Das habe ich gar nicht kapiert. Wieso weggehen? Es war doch gut, dass er da war.

Simon:
Ja, im Nachhinein sehe ich das auch so. Seitdem habe ich eine ganz andere Lebenseinstellung bekommen. Bis dahin hatte ich nur Fische, Netze, Boote und die viele Arbeit im Kopf. Am Morgen nach der langen, erfolglosen Nacht war ich ganz niedergeschlagen. Wir

hatten noch nicht einmal einen einzigen Fisch im Netz. Und dann kam Jesus, der hier gar nicht bekannt war. Dem habe ich sofort angesehen, dass er keiner von uns war.

Johannes:
Du warst übrigens sehr ärgerlich über Jesu Vorschlag, nochmals raus zu rudern. Fischen in dieser Hitze? Unfug!

Simon:
Ja, das stimmt schon. Ich konnte ihm nicht glauben. Nur weil ihr mitgemacht habt, sind wir schließlich wieder auf den See hinausgefahren. Und dann dieser Fang! Das war mir peinlich und unangenehm. Ich bin über mich selbst erschrocken. Plötzlich ist mir klar geworden, wie kleinkariert und engstirnig ich war, weil ich den Worten Jesu nichts zugetraut habe. Ich war ganz gefangen in meinen bisherigen Erfahrungen.

Jakobus:
Deswegen wolltest du Jesus wegschicken! Du dachtest, dein Kleinglaube und sein Vertrauen passen nicht zusammen. Du hast dich benommen, als hättest du ein schlechtes Gewissen. Hast du dich deshalb vor ihm niedergeworfen?

Simon:
Am Liebsten wäre ich im Erdboden versunken. In meiner Verlegenheit habe ich mich vor ihm niedergeworfen. Ich ahnte ja nicht, wie Jesus reagiert.

Johannes:
Während wir nur auf die Fische und das volle Boot geschaut haben, die Hände voller Arbeit, hat Jesus dich besonders angesprochen. Seither sieht es in deinem Leben tatsächlich anders aus.

Simon:
Vieles sehe ich klarer, seit ich mit Jesus unterwegs bin und höre, wie er von Gott redet. Es wundert mich auch immer neu, wie unbefangen er mit den Menschen umgeht. Gerade gestern war er wieder im Haus eines Zöllners zum Essen. Für unsere Rabbis ist das unvorstellbar. Jesus ein Sünderfreund!

Jakobus:
Dass er sich öfter mit Zöllnern abgibt und mit ihnen isst, hat mich anfangs auch sehr gestört. Gar nicht verstanden habe ich, wie er ihnen sogar ihre Sünden vergeben kann. Das kann doch nur Gott selbst, wie uns die Schriftgelehrten immer eingeschärft haben. Erst über die Monate hinweg, die wir mit ihm zusammen unterwegs waren, ist mir aufgegangen, wie vertraut und unkompliziert Jesus mit Gott sprach. Früher wagten wir kaum, seinen Namen auszusprechen, und er nennt ihn ‚Lieber Vater‘. Ein ‚Lieber Vater‘ ist er dann auch für die Zöllner. Deshalb kann Jesus sich im Namen seines Vaters großzügig den Sündern zuwenden, ihnen ihre Sünden vergeben und offen mit ihnen umgehen. So verzeiht er ihnen und befreit sie von ihrem schlechten Gewissen.

Simon:
Ähnlich ist es mir damals beim Fischfang ergangen, als ich mich vor Jesus niedergeworfen habe. Dass er zu mir sagte ‚Fürchte dich nicht‘ hat mir die Angst genommen. Ich habe gespürt, wie er mich wieder aufgerichtet hat. Ich fühlte mich ganz befreit. So unglaublich wie der ganze Fischzug war dann auch seine Einladung, ihm zu folgen. Nun versuche ich selbst auch, den Menschen die Angst vor Gott zu nehmen.

Sie redeten noch eine Weile über ihre Begegnungen mit Jesus, wunderten sich über ihn und hofften, dass er bald wiederkommen möge.

(Die Autoren)

M 3

Otto Dix, Die Berufung Petri

M 4 Die Begegnung Jesu mit der Sünderin

> Jesus ging in das Haus eines Pharisäers, der ihn zum Essen eingeladen hatte, und legte sich zu Tisch. Als nun eine Sünderin, die in der Stadt lebte, erfuhr, dass er im Haus des Pharisäers bei Tisch war, kam sie mit einem Alabastergefäß voll wohlriechendem Öl und trat von hinten an ihn heran. Dabei weinte sie und ihre Tränen fielen auf seine Füße.
>
> Lk 7,36–38b

a) Jesus schickt die Frau weg und sagt: Was habe ich mit dir zu schaffen! ◯

b) Die Jünger kaufen der Frau das Öl ab und schicken sie weg. ◯

c) Der Pharisäer ärgert sich über die Störung durch die Frau. ◯

d) Die Frau salbt Jesu Füße. ◯

e) Die Frau schenkt Jesus das Öl und verschwindet wortlos. ◯

f) Der Pharisäer will die Sünderin öffentlich bestrafen. ◯

g) Jesus sagt: Was suchst du in diesem vornehmen Haus? Du bist eine Sünderin. ◯

h) Die Jünger drängen Jesus, das Haus des Pharisäers zu verlassen. ◯

i) Die Frau breitet ihre Sünden vor Jesus und allen anderen aus. ◯

j) Jesus lässt sich von der Frau die Füße salben. ◯

k) Die Jünger empören sich über die Verschwendung des Öls. ◯

l) Jesus nimmt die Frau gegenüber dem Pharisäer in Schutz. ◯

m) Jesus weist darauf hin, dass alle jüdischen Gesetze streng einzuhalten sind. ◯

n) Jesus sagt zu der Frau: Deine Sünden sind dir vergeben. ◯

o) Der Pharisäer lädt die Frau ein, zum Essen da zu bleiben. ◯

p) Der Jünger Jakobus weigert sich, weiter zu essen, weil eine Frau mitisst. ◯

q) Jesus zeigt der Frau, dass sie ihm willkommen ist. ◯

Arbeitsaufgaben:
- Überlege, wie die Geschichte weitergeht und kreuze die entsprechenden Sätze an.
- Schreibe jeweils in einem Satz auf, wie Jesus, die Jünger und die Pharisäer mit der Sünderin umgehen.

(Die Autoren)

M 5 Roland P. Litzenburger, Die große Sünderin

Roland Peter Litzenburger, Markdorf. „Jesus und die Sünderin“, Federzeichnung 1964

M 1 **Werner Göritz, Holzschnitt**

M 2

Liebe Annette,

gestern hat mir Katja einen Brief mit diesem Bild geschickt. Du kennst sie ja, weißt, wie sie ist. Das Bild gefällt mir eigentlich noch ganz gut. Diese Darstellung sieht man selten, dass ein Mensch Jesus umarmt, schon gar nicht Jesus am Kreuz. Normalerweise ist es eher umgekehrt, dass Jesus auf andere Menschen zugeht. Geärgert habe ich mich über den Liedtext unter dem Bild: „… weil du dein Leben und dein Blut mir zugut in den Tod gegeben …“ Schon oft habe ich solche Sätze gehört, aber noch nie richtig verstanden. Mir kommt es vor, als wäre das einfach zu glatt dahergeredet. Statt mir zu helfen, stößt mich so ein frommes Gerede eher ab. Wieso sollte Jesus ‚mir zugut‘, also für mich und meine Sünden, gestorben sein? Das ist mir völlig unklar. Ich bin doch keine solche Sünderin, dass Jesus für mich sterben müsste. Schlechter als andere Leute bin ich doch auch nicht. Wenn ich Mist baue, muss ich selbst die Folgen dafür tragen. Da kann mir letztlich kein anderer helfen. Ich bin für mich verantwortlich und leider oft genug auch auf mich allein gestellt. Wo findet man Menschen, die in einer schwierigen Lage den Kopf für einen anderen hinhalten? Das fällt selbst unter Freunden schwer.
Der Kreuzestod Jesu liegt so lange zurück, was sollte er mit meinem Leben zu tun haben? ‚Für mich gestorben?‘ Ich kann das einfach nicht nachvollziehen. Wie verstehst du das?

Liebe Grüße,

deine Petra

M 3

Siegfried Kettling:

Recht oder Liebe (Teil 1)

Was sagen wir denn, wenn wir von dem gekreuzigten Jesus sprechen? Ich möchte mit einer kleinen Erzählung beginnen, die sicher nur ein Gleichnis ist, aber doch ein wenig anschaulich machen kann, worum es geht.
Im Mittelalter gab es in der wilden Gebirgswelt des Kaukasus eine Reihe kriegerischer Stämme, die häufig miteinander in Fehde lagen. Einer dieser Stämme war besonders erfolgreich, alle seine Angehörigen bildeten eine feste Einheit. Wenn man die Leute fragte: „Was schmiedet euch so zusammen?“, dann nannten sie einen Namen, den Namen ihres Feldherrn, den sie über alles schätzten.
„Schemil der Gerechte“, so nannten sie ihn. „Jedes Wort, das er sagt, dazu steht er.“
Dieser Feldherr hatte seinen Soldaten ein paar Tage Ruhe gegönnt. Man schlug die Zelte auf, saß beisammen und vertrieb sich heiter die Zeit mit Gesang und Würfelspiel.
Doch dann geschah etwas Unerhörtes, noch nie Dagewesenes: An einem Morgen fehlte dem einen ein kostbarer Ring, den er erbeutet hatte, dem anderen ein Becher, dem dritten eine wertvolle Kette. Kameradendiebstahl! Es war, als wenn ein giftiger Nebel durch das Lager zöge. Jeder begann, den anderen mißtrauisch zu beäugen, und jeder hatte dabei den Eindruck, selbst wachsam beobachtet zu werden. Freunde wurden zu Fremden.
Kameradendiebstahl – die Atmosphäre ist verseucht.
Der Feldherr läßt ausrufen: „Wer beim Diebstahl ertappt wird, wird mit der Bastonade bestraft“, jener brutalen Prügelstrafe der alten Welt, die viele gar nicht oder nur als Krüppel überlebten.
Das scheint zu wirken. Für ein paar Tage tritt Ruhe ein. Doch die Gewitterstimmung bleibt, das Lachen ist verstummt, man singt nicht mehr. Man sitzt da und belauert sich aus den Augenwinkeln.
Da, nach ein paar Tagen, wieder ein Diebstahl. Kein Wunder, daß alle befreit aufatmen, als schließlich ein Bote von Zelt zu Zelt läuft, die Planen hochreißt und schreit: „Der Täter ist gefaßt!“
„Wer ist es denn?“ – „Die Mutter des Feldherrn.“
Die Mutter des Feldherrn?! Die Erleichterung weicht augenblicklich tiefem Erschrecken. Jeder weiß, wie sehr Schemil seine Mutter liebt. Stets hat er sie auf seinen Feldzügen mitgenommen. Immer hat er ihr Zelt neben dem seinen aufrichten lassen. Als sie einmal schwer erkrankte, hat er wochenlang jede Nacht an ihrem Bett gewacht.
Die Mutter des Feldherrn?! Was wird jetzt geschehen? In dieser Nacht gibt es in den Zelten aufgeregte Diskussionen. Die einen sagen: „Gnade vor Recht – anders kann es gar nicht sein. Wir wissen doch, wie er an seiner Mutter hängt. Hier muß die Liebe regieren.“
Die anderen sagen: „Das ist unmöglich. Recht muß Recht bleiben. Heißt er etwa umsonst ‚Schemil, der Gerechte‘? Wohin würde das führen? Wenn er einmal sein Wort bricht, wird es je wieder etwas gelten? Wird man nicht sagen, er habe seine Günstlinge? Heute ist es die Mutter, morgen ein anderer. Alle Autorität wäre zerbrochen, das Miteinander zerstört, und wir wären am Ende.“
Liebe oder Recht, das ist die Frage. Am nächsten Morgen …

aus: Siegfried Kettling, Wer bist du, Adam. R. Brockhaus Verlag, Wuppertal und Zürich

Arbeitsaufgabe:
Schreibe eine Fortsetzung der Geschichte.

M 4

Siegfried Kettling:

Recht oder Liebe (Teil 2)

… ertönt der Trompetenstoß, der die Truppe auf dem Platz versammelt. Der Feldherr, ein wenig bleicher als sonst, tritt aus seinem Zelt. Aus dem anderen Zelt führt man gefesselt die Mutter hervor. Dann spricht Schemil der Gerechte sehr ruhig: „Der Täter ist gefunden, die Strafe wird vollzogen.“
Schon greifen die Büttel nach der Frau, da fährt er fort: „Aber vollzogen wird sie an mir.“
Erstarrt müssen die Leute mitansehen, wie der Mann, den sie alle lieben, sich brutal zusammenschlagen läßt und blutend weggetragen wird. Dabei erfaßt sie das große Erstaunen darüber, daß hier beides geschieht, daß das Recht zum Zuge kommt – das Wort wird nicht gebrochen, die Tat wird geahndet! – und daß auf der anderen Seite die Liebe zum Zuge kommt: Der Richter zieht die Schuld auf sich, der Richter wird zum Gerichteten.
Nicht Liebe oder Gerechtigkeit, sondern Liebe und Gerechtigkeit. Und beides in einem, beides ganz und ohne Kompromiß.

aus: Siegfried Kettling, Wer bist du, Adam. R. Brockhaus Verlag, Wuppertal und Zürich

M 5 Jesus Christus – für uns gestorben

Diese Überschrift weist auf den stellvertretenden Tod Jesu hin. Um ein Verständnis dieser Aussage zu gewinnen, lenken wir unseren Blick zunächst auf das Leben Jesu. Bevor Jesus für uns sterben konnte, hat er für uns gelebt. Sein Sterben und Tod entsprechen seiner Lebenseinstellung und seinem Handeln. „Er ist gestorben, wie er gelebt hat. Das einigende Band zwischen seinem Leben und Sterben bildet die Liebe. […]“ (Heinz Zahrnt)
Diese Liebe zeigt sich in der Annahme und Bejahung der Menschen, besonders der Ausgestoßenen. Er heilte Kranke, hatte Gemeinschaft mit Zöllnern und sprach Sündern Vergebung zu. Mit diesem Tun befreite er die Menschen von Zwängen und Verstrickungen. Darüber hinaus gab er seinen Jüngern den Auftrag, ihre Mitmenschen ebenfalls aus deren Unheil zu befreien. Das befreiende Wirken Jesu für andere stieß auf den gefährlichen Widerstand der geistlichen Führung der Juden. Jesus wurde angeklagt, der Gotteslästerung bezichtigt und deswegen hingerichtet. Er wich der Feindschaft seiner Gegner nicht aus und verzichtete auf Gegenwehr. So zeigt er den radikalen Ernst und den Tiefgang seines Wirkens, der ihn auch vor der Hingabe seines Lebens nicht zurückschrecken lässt.
Vorsichtige Annäherungen an diesen Grundzug des Lebens Jesu, für andere da zu sein, finden sich schon im alltäglichen Zusammenleben der Menschen. Trägt ein Schüler die Tasche eines behinderten Mitschülers, kann dieser sich freier im Schulhaus bewegen und leichter mit den Klassenkameraden Schritt halten. Ist jemand bereit, an einem Abend anstelle der Eltern auf kleine Kinder aufzupassen, können die Eltern etwas unternehmen und haben freie Zeit. Manche Menschen besuchen regelmäßig bettlägrige, pflegebedürftige Menschen, stellen dafür ihre Freizeit zur Verfügung und ermöglichen dem Kranken eine Begegnung und ein Gespräch. Zudem sind dadurch das Pflegepersonal und die Angehörigen entlastet.
Wofür Jesus gelebt hat, dafür war er auch bereit zu sterben. Daher ist sein Tod wie auch sein Leben als Befreiungstat für uns zu verstehen. Allerdings nicht so, dass wir nun nicht mehr sterben müssten. In Ausnahmefällen kann jedoch ein Mensch für einen anderen Menschen den Tod auf sich nehmen und so dessen Leben verlängern (z. B. Maximilian Kolbe oder ein Lebensretter, der für andere seine Gesundheit und sein Leben riskiert).
Unser Tod wird durch den Tod Jesu nicht aufgehoben, aber in ein anderes Licht gestellt. Niemand muss mehr allein sterben, vereinsamt und verlassen, weil wir im Tod Gemeinschaft haben mit dem Tod Jesu. Durch ihn ist die Trennung von Gott überwunden. Es gibt von Gott her im Leben und Tod nichts, was uns endgültig von ihm fernhalten kann. ‚Denn ich bin gewiss: Weder Tod noch Leben, weder Engel noch Mächte, weder Gegenwärtiges noch Zukünftiges, weder Gewalten der Höhe oder Tiefe noch irgendeine andere Kreatur können uns scheiden von der Liebe Gottes, die in Christus Jesus ist, unserem Herrn.‘ (Röm 8,38f.) Dadurch ist uns in allen Lebenslagen und im Tod ein Freiraum eröffnet, eine Stelle, auf die wir aus der Enge heraustreten können. Wir kommen wie auf eine Lichtung, verlassen das Dunkel der Beziehungslosigkeit zu Gott und Menschen und finden eine neue Möglichkeit, zu Gott und Mitmenschen ja zu sagen. Neues Leben wird möglich, vor und nach dem Tod.

(Die Autoren)

M 1 Zöllner zur Zeit Jesu

Palästina war zur Zeit Jesu von den Römern besetzt. Sie teilten das Land in verschiedene Provinzen ein (z. B. Judäa, Galiläa) und stationierten dort Soldaten. Um Unterkunft und Verpflegung der römischen Besatzungstruppe zu finanzieren, erhoben die Römer Zölle. Dazu errichteten sie verschiedene Zollbezirke, die sie an Juden verpachteten. Die vielen Zollstellen eines Bezirks wurden oft an kleine Steuersammler weiterverpachtet. Kam ein Händler von einem Zollbezirk in einen anderen, musste er einen Teil des Warenwertes als Zoll bezahlen. Verzollt werden mussten einheimische Erzeugnisse wie Schaffelle, Getreide, Trauben, Wein, Oliven, Gewürze und Waren des Fernhandels wie Stoffe, Glas, Pfeffer und Schmuck. Die Zölle waren in den einzelnen Zollbezirken unterschiedlich hoch festgesetzt (bis zu einem Viertel des Warenwertes), sodass mancher Händler kaum darüber Bescheid wusste. Die Zöllner versuchten, aus dieser Uneinheitlichkeit Kapital zu schlagen, indem sie höhere Zölle als vereinbart von den Händlern forderten. Wen wundert es, dass sie landauf, landab als Betrüger verschrien waren. An den Zollstationen kam es oft zu Streitereien zwischen Zöllnern und Händlern über den Warenwert. Wer andere betrügt, riskiert eben auch selbst betrogen zu werden.
Da die Zöllner den jährlichen Pachtbetrag für den Zollbezirk im Voraus an die Römer bezahlen mussten, bemühten sie sich, diesen Betrag möglichst schnell durch die Zölle hereinzubekommen. Darüber hinaus wirtschafteten sie in ihre eigenen Taschen.
Zu den Geldstreitereien kam ein religiöser Streit hinzu. Der Geldbetrug wurde den Zöllnern von der Bevölkerung, insbesondere von den strengen Pharisäern, als Übertretung des siebten Gebotes ‚Du sollst nicht stehlen' angelastet. Außerdem wurde ihnen vorgeworfen, dass sie mit der verhassten römischen Besatzungsmacht zusammenarbeiteten. Die Römer waren in den Augen der Juden unreine Heiden, weil sie nicht an Jahwe glaubten und die Gebote missachteten. Daraus ergaben sich unterschiedliche Nachteile für die Zöllner. Sie wurden als Zeugen bei Gericht nicht mehr anerkannt und konnten erst recht nicht zu Richtern gewählt werden. Wie Diebe, Räuber, Hirten und Huren galten Zöllner als Bürger zweiter Klasse. Man kann sich gut vorstellen, dass sie es sehr schwer hatten, einen anderen Beruf zu finden.
All diese Schwierigkeiten betrafen nicht nur die Zöllner selbst, sondern auch ihre Familien. Sie wurden gemieden, keiner wollte etwas mit ihnen zu tun haben. Die Zöllner und ihre Familien waren aus der Gemeinschaft der Juden ausgestoßen. Es blieb ihnen kaum etwas anderes übrig, als weiter für die Römer zu arbeiten.

M 2 Zöllner im Teufelskreis

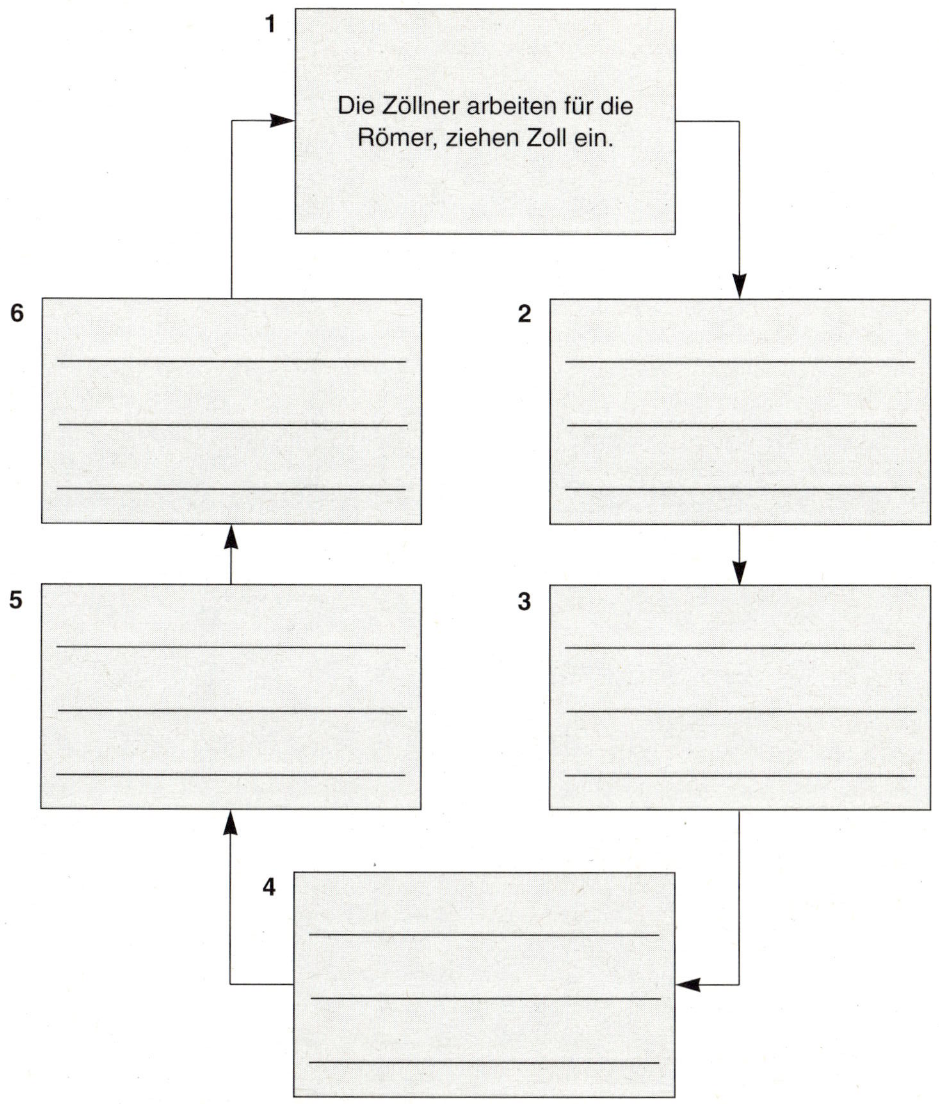

Arbeitsaufgabe:
Fülle die Felder mit Hilfe des Textes so aus, dass der Teufelskreis deutlich wird.

(Beide Materialien: die Autoren)

M 3 Jesus und die Zöllner Levi und Zachäus (Lk 5; Lk 19)

Die Berufung des Levi und das Mahl mit den Zöllnern

27 Als Jesus von dort wegging, sah er einen Zöllner namens Levi am Zoll sitzen und sagte zu ihm: Folge mir nach! 28 Da stand Levi auf, verließ alles und folgte ihm: 29 Und er gab für Jesus in seinem Haus ein großes Festmahl. Viele Zöllner und andere Gäste waren mit ihnen bei Tisch. 30 Da sagten die Pharisäer und ihre Schriftgelehrten voll Unwillen zu seinen Jüngern: Wie könnt ihr zusammen mit Zöllnern und Sündern essen und trinken? 31 Jesus antwortete ihnen: Nicht die Gesunden brauchen den Arzt, sondern die Kranken. 32 Ich bin gekommen, um die Sünder zur Umkehr zu rufen, nicht die Gerechten.

Lk 5,27–32

Jesus im Haus des Zöllners Zachäus

19 Dann kam er nach Jericho und ging durch die Stadt. 2 Dort wohnte ein Mann namens Zachäus; er war der oberste Zollpächter und war sehr reich. 3 Er wollte gern sehen, wer dieser Jesus sei, doch die Menschenmenge versperrte ihm die Sicht; denn er war klein. 4 Darum lief er voraus und stieg auf einen Maulbeerfeigenbaum, um Jesus zu sehen, der dort vorbeikommen musste. 5 Als Jesus an die Stelle kam, schaute er hinauf und sagte zu ihm: Zachäus, komm schnell herunter! Denn ich muss heute in deinem Haus zu Gast sein. 6 Da stieg er schnell herunter und nahm Jesus freudig bei sich auf. 7 Als die Leute das sahen, empörten sie sich und sagten: Er ist bei einem Sünder eingekehrt. 8 Zachäus aber wandte sich an den Herrn und sagte: Herr, die Hälfte meines Vermögens will ich den Armen geben, und wenn ich von jemand zu viel gefordert habe, gebe ich ihm das Vierfache zurück. 9 Da sagte Jesus zu ihm: Heute ist diesem Haus das Heil geschenkt worden, weil auch dieser Mann ein Sohn Abrahams ist. 10 Denn der Menschensohn ist gekommen, um zu suchen und zu retten, was verloren ist.

Lk 19,1–10

Arbeitsaufgabe:
Fülle die Tabelle aus mit Stellen aus dem Text.

	Lk 5	**Lk 19**
Jesus befreit		
Die Zöllner handeln befreit		

M 4

Jacques Pohier:

Jesus und die Sünder

Hätte sich Jesus in seinem Verhalten an die normalen Gesetze der gewöhnlichen sittlichen Bildung gehalten, so hätte er zu Zachäus gesagt: „Zachäus, komm schnell herunter! Denn ich muss heute bei dir einkehren; weil du aber so viele Leute erpresst und so viele Arme bestohlen hast, gib ihnen zuerst zurück, was du ihnen geraubt hast. Und dann werde ich zu dir kommen, wie ich gerne möchte." Desgleichen hätte Jesus zu der Ehebrecherin normalerweise sagen müssen: „Ich verurteile dich, denn Ehebruch ist verdammenswert. Wenn du mir aber versprichst, nicht mehr zu sündigen, wenn du dein Leben wieder in Ordnung bringst, wie die Moral es verlangt, werde ich dir deine Sünde vergeben."
Nun aber hat sich Jesus bekanntlich ganz anders verhalten. Die Ehebrecherin hat kein Verlangen, sich zu bessern und keinerlei Reue geäußert und Zachäus ebenfalls nicht. Und Jesus hat das auch nicht von ihnen verlangt.
Erst nachdem er zur Ehebrecherin gesagt hat: „Ich verurteile dich nicht", fordert er sie auf: „Geh und sündige von jetzt an nicht mehr!" (Joh 8,11) Das Zutagetreten dessen, wie sehr Gott Liebe ist, führt die Bekehrung herbei, und es ist nicht die Bekehrung, die es Gott ermöglicht, seiner Liebe freien Lauf zu lassen. Die sittliche Bildung, die Jesus vornimmt, besteht nicht in erster Linie darin, dass er darlegt, weshalb die Sünde ein Übel und die Tugend etwas Gutes ist, sondern sie beginnt damit, dass er klarmacht, wer Gott ist. Ohne eine Vorbedingung.

aus: Concilium 12/1977, S. 652–656 (in Auszügen)

M 5 Rosemarie Müller, Jesus und die Ehebrecherin

Rosemarie Müller, Selters, Münster

M 1

Günter Eich:

Träume

Ich beneide sie alle, die vergessen können,
die sich beruhigt schlafen legen und keine Träume haben.

Ich beneide mich selbst um die Augenblicke blinder Zufriedenheit:
erreichtes Urlaubsziel, Nordseebad, Notre Dame,
roter Burgunder im Glas und der Tag des Gehaltempfangs.

Im Grunde aber meine ich, daß auch das gute Gewissen nicht ausreicht
und ich zweifle an der Güte des Schlafes, in dem wir uns alle wiegen.

Es gibt kein reines Glück mehr (– gab es das jemals? –),
und ich möchte den einen oder anderen Schläfer aufwecken können
und ihm sagen, es ist gut so.

Fuhrest auch du einmal aus den Armen der Liebe auf,
weil ein Schrei dein Ohr traf, jener Schrei,
den unaufhörlich die Erde ausschreit und den du
für Geräusch des Regens sonst halten magst oder das Rauschen des Winds.

Sieh, was es gibt: Gefängnis und Folterung,
Blindheit und Lähmung, Tod in vieler Gestalt,
den körperlosen Schmerz und die Angst, die das Leben meint.
Die Seufzer aus vielen Mündern sammelt die Erde,
und in den Augen der Menschen, die du liebst, wohnt die Bestürzung.

Alles was geschieht, geht dich an.

aus: Günter Eich, Vier Spiele, BS 16. © Suhrkamp Verlag, Frankfurt am Main 1953, S. 145

M 2 Bonnot, Der Schrei

Claude Favard, Der Schrei.
© VG Bild-Kunst, Bonn 1997

M 3 Psalm 1

Begriffe:

heil dem menschen der nicht am stammtisch derer sitzt die sich selbst zum maßstab machen für das was in einer stadt recht und unrecht ist		Heil dem Menschen, der __________ __________ und __________ __________
heil dem menschen der nicht hinter den mächtigen herlauert und ihnen nach dem mund redet und sich auf krummen touren einen posten erschleicht		Heil dem Menschen, der __________ __________ und __________ __________
heil dem menschen der den weg nicht beschreitet derer die skrupellos das geld und die macht als gott anbeten und deren wege im dunkel liegen weil sie das licht fürchten für alles was sie tun hinter dem rücken der bürger		Heil dem Menschen, der __________ __________ und __________ __________
heil dem menschen der tag und nacht nachdenkt über gottes gesetz der wege bereitet die gangbar sind für alle menschen		Heil dem Menschen, der __________ __________ und __________ __________

aus: Wilhelm Willms, roter faden Glück. licht-blicke. Verlag Butzon & Bercker, Kevelaer [5]1988, 2.6.

Arbeitsaufgaben:
- Ordne den einzelnen Abschnitten folgende Begriffe zu:
  Selbstüberschätzung, Hinterhältigkeit, Gier nach Einfluss, Geschwätz, Vorbild sein, Einschmeicheln, eine Beziehung zu Gott haben, Beziehungen ausnutzen.
- Ergänze die Sätze, indem du jeweils das Gegenteil der Begriffe beschreibst.
  Vermeide dabei das Wort ‚nicht'.

M 1 ____________________

Wenn er kommt, der Besucher,
Der Neugierige, und dich fragt,
Dann bekenne ihm, daß du keine Briefmarken sammelst,
Keine farbigen Aufnahmen machst,
Keine Kakteen züchtest.
Daß du kein Haus hast,
Keinen Fernsehapparat,
Keine Zimmerlinde.
Daß du nicht weißt,
Warum du dich hinsetzt und schreibst,
Unwillig, weil es dir kein Vergnügen macht.
Daß du den Sinn deines Lebens immer noch nicht
Herausgefunden hast, obwohl du schon alt bist.
Daß du geliebt hast, aber unzureichend.

Daß du gekämpft hast, aber mit zaghaften Armen.
Daß du an vielen Orten zuhause warst,
Aber ein Heimatrecht hast an keinem.
Daß du dich nach dem Tode sehnst und ihn fürchtest.
Daß du kein Beispiel geben kannst als dieses:
Immer noch offen.

M 2 Lebensbereiche für gewissenhaftes Handeln

1	Mit der Schöpfung umgehen
2	Waren aus Ländern der „Dritten Welt“ kaufen
3	Konflikte fair austragen
4	Schwächere fördern
5	Auf die Meinung der Eltern hören
6	An andere Menschen und Völker denken
7	Tiere als Mitgeschöpfe achten
8	Familie und Freundschaft ernst nehmen
9	Friedensaktionen unterstützen
10	Mitmenschen beachten
11	In Beziehungen nicht oberflächlich sein
12	Müll trennen
13	Sich über fremde Länder und deren Probleme informieren
14	Auf unnötige Autofahrten verzichten
15	Etwas gegen die Armut in der Welt tun
16	Sich mit Geschwistern vertragen
17	Andere nicht als Konkurrenten betrachten
18	Staunen über die Schönheit eines Herbstwaldes
19	In Schule und Beruf miteinander auskommen
20	Sorgen und schöne Erlebnisse miteinander teilen

Arbeitsaufgaben:
- Schneide die Sätze aus und ordne sie nach ihrem Inhalt in vier Gruppen.
- Wähle jeweils einen Satz als Überschrift aus.
- Klebe die geordneten Sätze unter ihrer Überschrift ins Heft.
- Kennzeichne drei Sätze, die dir am wichtigsten sind.

(Die Autoren)

M 3 Eigenschaften eines gewissenhaften Menschen

Arbeitsaufgabe:
Unterstreiche, welche Eigenschaften ein gewissenhafter Mensch haben könnte.

sparsam ⁕ tollkühn ⁕ gerissen ⁕ genau ⁕ verschlossen ⁕ geizig ⁕
schlampig ⁕ besonnen ⁕ freundlich ⁕ offen ⁕ unterwürfig ⁕ kleinlich ⁕
verschwenderisch ⁕ mutig ⁕ demütig ⁕ klug ⁕ geschwätzig ⁕ feig ⁕
freigebig ⁕ verschwiegen ⁕ großzügig ⁕ selbständig ⁕ gutmütig

(Die Autoren)

M 4 Gegensätzliche Eigenschaften

Arbeitsaufgaben:
- Schreibe in den mittleren Spalten jeweils gegensätzliche Eigenschaften eines gewissenhaften Menschen nebeneinander.
- Ergänze in jeder Zeile zwei passende übertriebene Eigenschaften.

nicht gewissenhaft	gewissenhaft	gewissenhaft	nicht gewissenhaft

Mit freundlicher Genehmigung von Dr. Friso Melzer, Königsfeld

M 1 Walter Back, Holzschnitt I

M 2 Walter Back, Holzschnitt II

Xylographien von Walter Back, Reutlingen

M 3 Walter Back, Holzschnitt III

DIxylographie von Walter Back, Reutlingen

M 4

Lothar Zenetti:

Gründonnerstag

Ja, den andern mal so richtig
zeigen, wer der Boss ist!
Aber der Dumme sein, der ihnen den Dreck wegmacht?

Ja, den andern mal so richtig
begreiflich machen, was ein Hammer ist!
Aber der sein, auf den man einschlägt?

Ja, den andern mal so richtig
klarmachen, wer an allem schuld ist!
Aber ohne schuld zu sein die Schuld auf sich nehmen?

Ja, den andern mal so richtig
die Wahrheit sagen!
Aber selber Wahrheit sein?

Ja, den andern mal so richtig
den Kopf waschen!
Aber die Füße?

aus: Lothar Zenetti, Sieben Farben hat das Licht. J. Pfeiffer Verlag, München 1981

M 5 Gehet nicht auf in den Sorgen dieser Welt

2. Ihr seid das Volk, das der Herr sich ausersehn. Seid eines Sinnes und Geistes. Ihr seid getauft durch den Geist zu einem Leib.
Halleluja, halleluja.

3. Ihr seid das Licht für die Dunkelheit der Welt, ihr seid das Salz für die Erde. Denen, die suchen, macht hell den schweren Weg.
Halleluja, halleluja.

4. Liebet einander, wie euch der Herr geliebt. Er liebte euch bis zum Tode. Er hat den Tod ein für allemal besiegt.
Halleluja, halleluja.

5. So wie das Korn auf den Feldern weit verstreut, zu einem Brote geworden, so führt der Herr die zusammen, die er liebt.
Halleluja, halleluja.

M 6 Herr, wir bitten: Komm und segne uns

4. In das Leid der Welt hast du uns gestellt, deine Liebe zu bezeugen. Laß uns Gutes tun und nicht eher ruhn, bis wir dich im Lichte sehn.

5. Nach der Not der Welt, die uns heute quält, willst du deine Erde gründen, wo Gerechtigkeit und nicht mehr das Leid deine Jünger prägen wird.

Chorsatz in: *Jesu Name nie verklinget*, Bd. 4, Hänssler-Verlag

M 7

Madeleine Delbrêl:

Der neue Tag

Wieder beginnt ein Tag.

Jesus ist in mir, den ganzen Tag. Er hat sich
nicht eingeschlossen.
Er ist unter den Menschen
gewandelt.
Mit mir ist er unter den Menschen von heute gegenwärtig.

Begegnen wird er
jedem, der das Haus betritt,
jedem, den ich auf der Straße treffe,
anderen Reichen als damals,
anderen Armen,
anderen Gebildeten und Ungebildeten,
anderen Jungen und Alten,
anderen Frommen und Sündern,
anderen Gesunden und Kranken.
Sie alle zu suchen, ist er gekommen.
Jeden will er zum Heile führen.
Denen, die mit mir sprechen,
hat er etwas zu sagen.
Denen, die etwas brauchen,
hat er etwas zu geben.
Für ihn existiert jeder,
als sei er der einzige.

Im Lärm gibt er Stille,
in der Aufregung seinen Frieden.
Jesus hat nicht aufgehört,
der Sohn Gottes zu sein.
In mir will er mit dem Vater verbunden bleiben.
Auf milde Art verbunden, jede Sekunde,
darüberschwebend wie ein Stück Kork
auf dem Wasser.
Sanft wie ein Lamm gegenüber allem,
was der Vater will …

Jesus, überall gegenwärtig,
hat nicht aufgehört,
vom Vater gesandt zu sein.
So sind auch wir in jedem Augenblick
Gottes Gesandte in der Welt.
Jesus in uns hört nicht auf,
vom Vater gesandt zu sein,
am heutigen Tag, der gerade beginnt,
in der ganzen Menschheit, in unserer Zeit,
zu allen Zeiten,
in meiner Stadt und auf der ganzen Welt.

Durch die Brüder in unserer Nähe,
die wir bedienen, lieben, retten dürfen,
gleitet eine Woge der Liebe
bis an die Grenzen der Erde,
bis an das Ende der Zeiten.

Gepriesen sei der neue Tag,
er ist wie Christi Geburt für die Erde,
denn Jesus in mir wird mich durch diesen Tag
begleiten.

aus: Madeleine Delbrêl, Der kleine Mönch. Verlag Herder, Freiburg 26. Aufl. 1996

M 1

»Ich hätte sie nie allein gelassen«

Stiftung »Dienst am älteren Menschen« – Gertrud Sautter pflegte ihre Freundin bis zu deren Tod

Von Magdalena Kablaoui

Pfullingen. (GEA) Es war eine Freundschaft wie sie enger kaum vorstellbar ist.

52 Jahre lang waren Gertrud Sautter und Maria Fetzer fast täglich zusammen, unterstützten sich gegenseitig bei ihrer Hausarbeit und waren gemeinsam aktiv in der Kirchengemeinde. Sie konnten über alles miteinander reden, verstanden sich wie kaum zwei andere.

Und so war es für Gertrud Sautter selbstverständlich, die Pflege ihrer Freundin zu übernehmen, als diese schwer erkrankte. Und selbst als die Pflege psychisch und physisch immer belastender wurde und kurz vor dem Tod bis an die Grenzen ihrer eigenen Kraft ging, Gertrud Sautter war froh, „ihrer Freundin diesen Dienst tun zu können.“ Eine Entlastung durch andere hat sie nie in Anspruch genommen. Und Maria Fetzer, die ohne Klagen ihre schwere Krankheit ertrug, war, wie sie noch kurz vor ihrem Tod äußerte, „glückselig“, dass ihr die Freundin zur Seite stand.

Doch über die eigene Belastung während der Pflege ihrer Freundin spricht Gertrud Sautter wenig, obwohl sie für diese Leistung von der Seniorenstiftung der Kreissparkasse Reutlingen ausgezeichnet wurde. Um so mehr davon, wie einmalig ihre Freundin ihr Leiden ertrug, ohne Selbstmitleid, fröhlich, offen und interessiert bis zuletzt an dem Befinden der vielen Bekannten, die die beliebte Frau häufig besuchten. Diese offene, fröhliche Art, auf andere zuzugehen, hat Gertrud Sautter schon immer an ihrer Freundin geschätzt. 1943 sind die beiden Pfullingerinnen Freunde geworden, damals waren sie 23. Da beide ledig blieben, verbrachten sie außerhalb ihrer Arbeit viel Zeit miteinander, so war die als Büglerin arbeitende Gertrud Sautter täglich zum Mittagessen bei ihrer Freundin in der Griesstraße. In beiden Haushalten besorgte sie die Wäschepflege.

Seit Herbst 1993 litt Maria Fetzer unter Atemproblemen, später wurde Lungenkrebs diagnostiziert. Eine Operation war in diesem Stadium bereits nicht mehr erfolgversprechend, Herzprobleme kamen hinzu. So wussten beide Freundinnen schon bald, dass keine Hoffnung auf Genesung bestand. Da Familienangehörige die Pflege längerfristig nicht hätten übernehmen können, war es für Gertrud Sautter keine Frage, in die Wohnung ihrer Freundin zu ziehen, als es dieser so schlecht ging, dass sie nicht mehr allein bleiben konnte. Ein Dreivierteljahr, bis zum Todestag am 13. September des letzten Jahres, kam Gertrud Sautter nur noch einmal in der Woche in ihre eigene Wohnung.

Auch wenn sie bereits in den sechziger Jahren – damals neben ihrer Berufstätigkeit – ihre Eltern gepflegt hatte und somit einige Erfahrung mitbrachte: als über Siebzigjährige die Pflege der schwerkranken Freundin zu übernehmen, war keine leichte Aufgabe. Neben Pflege und Haushalt bewirtete sie die vielen Besucher und fand dennoch immer Zeit für Gespräche mit der Freundin. Die Art der Freundin, ihr Leiden klaglos zu ertragen, sei ihr selbst eine große Hilfe gewesen, sagt Gertrud Sautter. Das letzte Vierteljahr allerdings habe die Freundin nicht mehr ohne Sauerstoffgerät sein können, die Pflege wurde zunehmend aufwendiger, auch in der Nacht musste die Freundin versorgt werden. Aber: Gertrud Sautter „hätte sie nie allein gelassen.“ Heute noch leidet sie sehr unter dem Verlust der Freundin, die immer die aktivere gewesen sei, mit der sie „alles schwätzen konnte, mehr als mit den eigenen Geschwistern.“

Menschen helfen Menschen

Ihr Alltag ist schwierig. Aber sie schaffen's. Halten durch. Geben nicht auf. Sind damit Beispiel für andere. Wir berichten über Menschen, die anderen helfen. Auch wenn die Bedingungen oft genug sehr hart sind.

Pflegte jahrelang ihre Freundin: Gertrud Sautter

Dass eine Pflege, wie Sautter sie ihrer Freundin gab, heute nicht mehr selbstverständlich ist, weiß die rüstige Rentnerin nur zu gut und hat auch Verständnis dafür, dass die Frauen heutzutage ihren Beruf nicht einfach aufgeben wollen und können, um einen Angehörigen zu pflegen. Man sei an einen ganz anderen Lebensstandard gewöhnt als früher, als nur der Mann den Verdienst nach Hause brachte. Zu bedauern sei allerdings, dass dabei vielerorts die Menschlichkeit auf der Strecke bliebe.

aus: Reutlinger Generalanzeiger vom 31. 1. 1996. © Magdalena Kablaoui, Pfullingen

M 2

WENN FÄSSER PLÖTZLICH HARMLOS WERDEN …

Endlich Arbeit! Wie war ich froh, als ich im Januar 1982 bei der Firma R. angestellt wurde. Es klang sehr vielversprechend: Ein junger Chemiker, ein junger Betrieb … Recycling … Kupfer, Silber und Gold!
Schon bald aber erfuhr ich, dass der Firmengründer sich bei der Einbeziehung der Transportkosten verschätzt hatte und dann die Firma verlassen musste, da er sich außerdem persönlich zu bereichern suchte.
Der neue Chef übernahm also kein leichtes Amt. Nun ergab es sich, dass die Stadtverwaltung in Schwierigkeiten geriet, weil die von ihr zur Beseitigung des Sondermülls errichteten Anlagen nicht einwandfrei funktionierten. So stapelten sich mehr und mehr Giftfässer. Die Medien machten publik, dass man mit der Art und auch der Menge der anfallenden chemischen Stoffe nicht mehr fertig wurde. So entschloss sich unsere Firmenleitung, einen Teil des Sondermülls zu übernehmen und durch Neutralisation in deponierbaren Schlamm umzuwandeln. Man erhoffte sich dabei eine feste jährliche Zuwendung aus der Stadtkasse.

Als ich davon offiziell informiert wurde, und die ersten Container mit Altsäuren bereits da waren, erstellte ich eine Liste derjenigen Chemieabfälle, die wir nicht mit unserer Anlage gefahrlos und umweltschonend neutralisieren konnten. Ich übergab diese Liste der Firmenleitung, wo sie jedoch wegen meiner Unerfahrenheit und „aus betriebswirtschaftlichen Gründen" wenig Beachtung fand. Die Firma R. übernahm somit alle möglichen Industrieabfälle; ein Teil wurde zu Schlamm verarbeitet, den anderen Teil wollte man ins Ausland exportieren. Bald schon, so glaubte man, würde das Geld flüssig sein, mit dem man dann den Betrieb so erweitern konnte, dass man mit allen Problemfällen fertig würde. Die Unterstützung der Stadtverwaltung blieb aber aus, und das Defizit der Firma R. wurde noch größer.

Es wurde 1983. Ilse und ich hatten uns für einen gemeinsamen Lebensweg entschieden und den Hochzeitstermin festgelegt. Jetzt planten und dachten wir nur mehr an den „großen Tag", an unser zukünftiges gemeinsames Wohnen und Leben.
Die Lage der Firma R. wurde inzwischen immer prekärer. Es kamen Fässer mit steinharten Krusten, mit Schlämmen, mit Ölen, Gemische unbekannter Zusammensetzung und Giftfässer aus dem 2. Weltkrieg, die niemand zu öffnen wagte. Als ich sah, dass unsere Geschäftsleitung auch den allerletzten Dreck der Industrie entgegenzunehmen bereit war, keimte in mir Hass auf. Hass gegen die zuständigen Beamten, gegen meinen Chef, gegen Mitarbeiter und Hass gegen alle, die so unverantwortlich handelten.
Ich ahnte, dass ich etwas unternehmen musste. Sollten Hass und Aggression die Antwort eines Christen auf derartige Missstände sein? Oft dachte ich an das Bibelwort: „Gott nahm den Menschen und setzte ihn in den Garten Eden, damit er ihn bebaue und bewahre". Doch was konnte ich tun? Meine christlichen Freunde hörten zwar zu, wenn ich von der Firma erzählte, wussten aber wenig Rat zu geben. Ich wusste: Wenn ich zum Amt für Umweltschutz gehe und sonst nichts unternehme, werde ich nichts erreichen, weil auch hohe Beamte der Stadt in die Machenschaften um die Firma R. verwickelt sind. Ein Gefühl der Ohnmacht und die Angst vor der Arbeitslosigkeit verhinderten jeden Versuch, Kontakte zu Gleichgesinnten und die Hilfe von Bürgerinitiativen zu suchen.

Dann aber geschah etwas, was ich nicht mehr mit ungetrübtem Gewissen hinnehmen konnte. Neun Fässer, die ursprünglich schon einmal bei der Sondermüll-Anlage waren, sollten als harmloser „Ölschlamm" getarnt von der Firma R. wieder an die Anlage zurückgeschickt werden. Ich überlegte drei Tage, bevor ich bei einer großen Tageszeitung anrief. Die Informationen, die daraufhin unter der Überschrift „Wenn Fässer plötzlich harmlos werden" erschienen, sind freilich nur die Spitze eines gewaltigen Eisberges von Nachlässigkeiten, Verantwortungslosigkeiten und unsauberen Geschäften.
Ob ich im Fall dieser Fässer etwas erreicht habe, weiß ich nicht, da sich der zuständige Beamte zur Amtsverschwiegenheit verpflichtet fühlt. Wahrscheinlich wurden sie verbrannt und das Gift auf diese Weise über die Gemüsegärten der Stadt verteilt. Nachweisbare Ergebnisse für mich blieben: Kündigung und sieben weitere Monate Arbeitslosigkeit, sowie Drohung mit gerichtlichen Schritten.

Ob ich mehr aus Liebe zu den Menschen, die durch die Schadstoffe in Gefahr waren, gehandelt habe, oder aus Hass und Schwäche, kann ich heute nicht beurteilen. All das schreit nach Vergebung und Heilung, aber auch nach gut organisiertem Widerstand. Beginnen wir endlich zu verstehen, was die Bibel mit dem Begriff „verloren sein" versteht?

Peter Mostbauer

Kapitel 1: Bilder für das Gewissen

A 1

M 1: Die Bildworte eröffnen einen breiten Zugang zum Thema Gewissen.
Lösung: 1. Schranke 2. Gerichtshof 3. Uhr 4. Wurm 5. Sprachrohr 6. Kontroll-Lampe 7. Antenne 8. Spiegel 9. Rufer 10. Kompass 11. Tagebuch 12. Schlange (Die Wörter bei 5 und 8 sind evtl. vertauschbar.)
Der gemeinsame Begriff ist Überschrift für die gesamte Unterrichtseinheit: das Gewissen.
Zusätzliche Arbeitsaufgabe: Kennzeichne drei Beschreibungen, denen du zustimmen kannst (+) und eine, die du nicht passend findest (–).
Zustimmung und Ablehnung bleiben vorläufig unbegründet, können aber bereits eine Annäherung an den später zu entfaltenden Bezug des Gewissens zur Sprache enthalten.
M 2:
Arbeitsaufgaben:
- Unterstreiche die Bildworte, mit denen das Gewissen umschrieben wird.
- Beschreibe den unterschiedlichen Umgang mit dem Gewissen früher und heute.

Die erste Arbeitsaufgabe nimmt den bildhaften Zugang von M 1 auf (z. B. „Kontrollorgan"), drückt die Bildhaftigkeit gegenüber M 1 aber eher in Adjektiven aus (z. B. „nicht ganz billig", „kleidsam").
Aus der Überschrift „In und out" und aus der ersten Strophe ist bereits der unterschiedliche Umgang mit dem Gewissen früher und heute erkennbar. Zweifellos malt der Text in naiver Weise schwarz-weiß, indem er von einem früher funktionierenden Gewissen spricht („man hat mich früher gleich erkannt"), während das Gewissen heute überhört wird und so funktionslos bleibt (z. B. „ich sollte mit der Zeit verstummen, Gewissen sei nicht mehr gefragt"). Das funktionslose Gewissen ist das stumme Gewissen, dem die Kapitel 2 und 3 nachgehen.

Kapitel 2: Verstummendes Gewissen

A 2

Die folgenden Materialien veranschaulichen Situationen für das stumme Gewissen.
M 1: Die Karikatur und die Arbeitsaufgaben sind ein allgemeiner Einstieg zur Frage der Abschiebung von Verantwortung.
Arbeitsaufgaben:
- Beschreibe das Problem in der Karikatur.
- Setze in das Schreibfeld einen passenden Begriff, wo bei uns Verantwortung abgeschoben wird.

Es soll herausgearbeitet werden, dass alle Gruppen der Gesellschaft, auch Schüler, lieber auf andere zeigen als selbst Verantwortung zu übernehmen. Die Schüler können bei der zweiten Aufgabe Begriffe aus verschiedenen Bereichen eintragen (Schule, Familie usw.) oder ganz konkrete Situationen benennen (z. B. eigene Interessen durchsetzen, nur an sich denken, andere verantwortlich machen).
M 2: Die Karikatur lenkt den Blick auf das andauernde Elend in Afrika; z. B. die Bürgerkriege in Ruanda und Zaire führen zu Flüchtlingselend, Hunger und Massensterben.
Arbeitsaufgaben:
- Nenne Stichworte zur Karikatur.
- Finde eine passende Überschrift. Schreibe einen ganzen Satz.

Die Karikatur zeigt die Problematik an, die Fotos (M 3) konkretisieren sie. Trotz der Fülle von Informationen und Bildern gilt Afrika als Kontinent im Abseits. Das Wegschauen der Weltöffentlichkeit und das Abschieben von Verantwortung steigern diese Not noch.
M 3: Elend und Not lassen sich nur vorsichtig didaktisieren. Darum beschränken sich die Arbeitsaufgaben auf eine Beschreibung der Notsituationen und die entsprechende Zuordnung der Zeitungsüberschriften. Die Bilder können für das Elend eher sensibilisieren als ein Text. Die Zuordnungsaufgabe kann zu noch genauerem Hinsehen führen.
Arbeitsaufgaben:
- Beschreibe die Notsituationen.
- Ordne die Überschriften den Bildern zu.

Es wird an dieser Stelle auf die grundsätzliche Schwierigkeit hingewiesen, konkrete und gleichzeitig aktuelle Materialien und Daten zu finden. Deshalb soll der Lehrer die angebotenen Materialien durch jeweils aktuelle Nachrichten von Krisensituationen ergänzen.
M 4/M 5: Der Text (M 4) schildert die Reaktionen auf Notsituationen, die uns durch das Fernsehen fast täglich vor Augen geführt werden. Diese Reaktionen laufen fast immer gleich ab und führen oft zu Tatenlosigkeit, bestenfalls zu verspäteter Hilfe. Vor der Lektüre des Textes kann der Lehrer den Begriff „gewohnter Fernsehschrecken" aus dem Text als stummen Impuls vorgeben und die Schüler dazu frei assoziieren lassen. Der Impuls soll vorweg auf die Wirkungen des Fernsehkonsums hinweisen.
Die Arbeitsaufgabe macht folgenden Reaktionsmechanismus bewusst: Warnungen verhallen → Fernsehbilder schockieren → Mitleid, hilfloser Zorn, Fragen → wenig, nichts geschieht → verspätete Hilfe.
Nach der Besprechung des Ergebnisses müsste der Lehrer die Verbindung zum Verstummen oder Stummbleiben des Gewissens durch geeignete Fragen herstellen (z. B. Beschreibe, wie der „gewohnte Fernsehschrecken" das Gewissen beeinflusst.).
M 6: Die Karikatur ist auch als Einstiegsmedium denkbar. Die Arbeitsaufgaben suchen eine Verknüpfung mit den vorausgehenden Materialien.
Arbeitsaufgaben:
- Erkläre den Titel.
- Bringe die Karikatur mit der Karikatur M 2 und dem Schema M 5 in Verbindung.
- Finde aus dem Text M 4 einen anderen Titel für die Karikatur.

Schnell erkennen die Schüler die „Leibesübung" als Einschlafen im Sessel bei Schreckensnachrichten und Aufspringen bei harmlosen Bundesliga-Nachrichten. Der Begriff „Übung" weist dabei auf die tägliche Wiederholung hin, bei der nur noch der Leib bewegt wird, aber nicht mehr Herz und Verstand. Die Gemeinsamkeit mit der Karikatur M 2 liegt darin, dass wir nicht mehr auf die große Not hinschauen, d. h. entweder die Augen zuhalten (M 2) oder einschlafen (M 6). Die Gemeinsamkeit mit dem Reaktionsschema (M 5) liegt darin, dass die Warnungen ungehört verhallen und Hilfe ausbleibt. In der Karikatur ist noch nicht einmal mehr der Schock und der hilflose Zorn wie im Reaktionsschema erkennbar.

A 3

Dieses Arbeitsblatt konkretisiert verstummendes Gewissen an einem andersartigen gesellschaftlichen Problem: Asyl und Kirchenasyl.
Verstummendes Gewissen zeigt sich zwar auch individuell, z. B. in nachlassender Aufmerksamkeit für den Nächsten, hat aber in gesellschaftlich-öffentlichen Problemen weitreichendere Folgen für die Menschen, denen gegenüber das Gewissen verstummt. Zum Verstummen führende Einflüsse auf das Gewissen werden im gesamten Kapitel 3 bearbeitet.
M 1–3: Das Plakat **M 1** und die beiden Karikaturen **M 2**, **M 3** gehören zusammen, indem sie gemeinsame und unterschiedliche Verhaltensweisen gegenüber Asylsuchenden darstellen. Auf diesen Zusammenhang zielen auch die
Arbeitsaufgaben:
- Bringe die Karikaturen (M 2, M 3) mit der Aussage des Plakats (M 1) in Verbindung.
- Beschreibe die Verhaltensweisen der Menschen in den Karikaturen gegenüber Asylsuchenden.
- Formuliere den Hauptunterschied in den Handlungen der Menschen gegenüber Asylsuchenden.

Einerseits zeigen die Karikaturen den Versuch, das Asylproblem jeweils unterschiedlich von sich zu weisen, sich nicht darauf einzulassen. Die Verbindung mit dem Plakat zeigt andererseits, wie mit dieser Abschiebung der Asylbewerber auch das Gewissen abgeschoben wird. Wer Asylbewerber mit Füßen tritt (M 2), tritt das Gewissen mit Füßen und schiebt es damit weg. Wer von der Asylproblematik wegsieht (M 3), sieht von seinem Gewissen ab und schiebt es damit weg.
Unterschiedlich ist das Wie der Weigerung, Asylbewerber aufzunehmen. In **M 2** wird aggressiv von einem Wohlstandsteppich aus ein Asylsuchender vom Kommen abgewehrt, während in **M 3** Asylbewerber bereits in einem Aufnahmelager gesammelt sind. Doch sogar an hier lebenden Asylbewerbern kann ich gleichgültig vorübergehen, ich kann selbst wegschauen, indem ich mich hinter Gesetzen verschanze oder ich kann zum Wegschauen erziehen.
M 4–8: Diese Materialien versuchen einen anderen Weg in der Asylfrage aufzuzeigen: Das Gewissen verstummt nicht, sondern wird zur Hilfe für diese Menschen angeregt. Damit werden hier bereits Aspekte der Kapitel 4 und 5 angedeutet.
M 4: Die Asylfrage wird am Beispiel von S. P. Ogwal aus Uganda veranschaulicht und personalisiert. Gleichzeitig werden konkrete Hilfsmöglichkeiten aufgezeigt.
Arbeitsaufgaben:
- Beschreibe die Situation in Uganda, die S. P. Ogwal zur Flucht treibt.
- Unterstreiche Hilfen, die er durch die Kirchengemeinde erfährt.

Leicht werden die Schüler im ersten Abschnitt die Diktatur Amins, die Verfolgung der Regimegegner, Folter und Gefängnis als Ursachen der Flucht erkennen. Als Hilfen können unterstrichen werden: Praktika in Apotheken, Bereitstellung einer Wohnung usw.
M 5: Nur auf dem Hintergrund des konkreten Falles (M 4) verstehen die Schüler die Probleme zwischen Staat und Kirche in der Frage des Kirchenasyls. Der Text nennt die Rechtsstaatlichkeit als Fundament für die Asylfrage und erweitert diese Entscheidungsgrundlage um die Botschaft Jesu.
Arbeitsaufgaben:
- Ist die Gewährung von Kirchenasyl ein Verstoß gegen das Recht? Begründe.
- Zähle auf, woran sich das Gewissen orientieren kann.

Als Orientierung für das Gewissen können das Recht, das Evangelium und die Menschenwürde genannt werden.
Ein begründeteres Urteil über die Gewährung von Kirchenasyl werden die Schüler erst nach der Bearbeitung der Hinweise zur biblisch-ethischen Verantwortung (M 6) fällen können.
M 6: Die Schriftstellen sind Hinweise zur biblisch-ethischen Verantwortung gegenüber Fremden. Wenn die Stellen auch aus ihrem jeweiligen historischen Kontext herausgelöst sind, bleiben sie doch häufig zitierte, wichtige Kernaussagen für die Gewährung von Kirchenasyl.
Arbeitsaufgaben:
- Suche die Gründe für Flucht und Asyl.
- Wie sollen Fremde behandelt werden?

Mögliche Lösungen siehe Tafelbild unten.
An dieser Stelle kann die Frage aufgegriffen werden, ob die Kirche das Recht hat, gegen eine staatliche Entscheidung zur Abschiebung eines Asylbewerbers Kirchenasyl zu gewähren.
M 7/M 8: Auf dem Hintergrund von M 4–6 versuchen die Schüler in der Karikatur selbst eine Antwort auf die Bemerkung des Polizisten zu formulieren. Das Foto stellt den Vorgang der Abschiebung konkret dar. Die Eintragungen der Schüler sind nicht vorhersehbar. Wünschenswert wäre nach der Erarbeitung von M 6 eine biblisch motivierte und nicht von Vorurteilen geprägte Antwort.

Tafelbild zu A 3/M 6:

	Gründe für Flucht	Behandlung der Fremden
Lev 19,33.34	–	nicht unterdrücken, ihn lieben
Jes 16,3–4a	Verfolgung	Verjagte verstecken, nicht verraten
Rut 1,1	Hungersnot	–
Dtn 23,16.17	sucht Schutz	nicht ausliefern, nicht ausbeuten, bei sich wohnen lassen
Mt 25,35	–	Nahrung geben

Kapitel 3: Negativ prägende Einflüsse auf das Gewissen

Im gesamten Kapitel 3 werden einige, das Gewissen prägende Einflüsse bearbeitet. Ohne Vollständigkeit erzielen zu wollen, kommen doch zentrale negative Einflüsse zur Sprache, die heute als Ursachen für das Verstummen des Gewissens anzusehen sind.

A4

M 1/M 2: Die beiden Karikaturen werden von den Schülern auf Gemeinsamkeiten und Unterschiede hin betrachtet.

Arbeitsaufgaben:

- Gib beiden Karikaturen einen gemeinsamen Titel. Trage ihn als Überschrift ein.
- Suche Unterschiede.

Möglicherweise nennen die Schüler nicht sofort den Begriff „Gleichgültigkeit" als gemeinsamen Titel, sondern Begriffe wie „wegsehen", „eigenen Dingen, Gedanken nachgehen" usw. Der Lehrer sollte trotzdem den Begriff „Gleichgültigkeit" einbringen und auf das Arbeitsblatt eintragen lassen, da „Gleichgültigkeit" in M 3 aufgearbeitet wird.

Leicht sind die Unterschiede zu benennnen:

M 1	M 2
– viele Menschen	– Einzelner
– Notsituation unauffällig	– Ertrinkender auffällig
– Masse nimmt Selbstmörder nicht wahr	– Spaziergänger nimmt Ertrinkenden wahr, hilft aber nicht

M 3 konfrontiert die Schüler mit einem anspruchsvollen Text von Elie Wiesel zur Gleichgültigkeit. Der Lehrer sollte den Autor kurz vorstellen: Jude, 1944 zusammen mit Eltern und Schwester in das KZ Auschwitz deportiert, Ermordung seiner Mutter und Schwester, er überlebte den Todesmarsch von Auschwitz nach Buchenwald, sein Vater kam dabei um. Alle Werke kreisen um diese schreckliche Vergangenheit.

Es empfiehlt sich, diesen dichten Text mit den Schülern laut zu lesen und ihnen zunächst Verstehenshilfen zu geben (z. B. Erklärung von Subjekt, Objekt usw.).

Arbeitsaufgaben:

- Unterstreiche Begriffe, die Gleichgültigkeit mit anderen Worten ausdrücken.
- Finde Gründe für die Gleichgültigkeit von Menschen.
- Beschreibe die Wirkungen der Gleichgültigkeit auf unser Verhalten.

Die erste Aufgabe dient dazu, sich diesem den Schülern weitgehend fremden Phänomen anzunähern. Andere Begriffe für Gleichgültigkeit: „Feind des Guten", „Blindheit", „keinen Blick mehr für die äußere und innere Welt". Der Text nennt drei Gründe für Gleichgültigkeit: Entfernung zu schrecklichen Ereignissen, mangelnde Einfühlung und Solidarität mit den Menschen in Elendssituationen und die Wirkung der Massenmedien. Sie transportieren Schreckensbilder ins Haus und führen zur Gewöhnung daran (vgl. A 2, M 4–6).

Die Wirkung der Gleichgültigkeit wird prägnant beschrieben. Gleichgültigkeit führt vom Desinteresse zur Nichtbeachtung der anderen. Dabei wird der Gleichgültige selbst ein Opfer der Gleichgültigkeit („zehrt Subjekt wie Objekt auf"). Der Gleichgültige sieht nichts mehr.

M 4 bezieht Gleichgültigkeit direkt auf Jesus. Er wird wie ein Konsumartikel angeboten und unterschiedslos in eine Plakatwand eingefügt. Gelangweilt und gleichgültig geht der Mann vorüber.

Arbeitsaufgaben:

- Das Bild zeigt Gleichgültigkeit gegenüber Jesus. Finde Anhaltspunkte dafür.
- Überlege, wie Menschen von heute ihre Gleichgültigkeit gegenüber Jesus und Gott ausleben.

Die zweite Aufgabe geht über die Bildbetrachtung hinaus und führt zu M 5. Die ungewohnte Frage kann unterschiedlich beantwortet werden: Keine Zeit, Jesus und Gott bringen mir nichts usw.

M 5: Hier wird eine nicht gleichgültige Meinung über Jesus von den Schülern formuliert. Die kurze, typische Meinung eines Schülers als Vorgabe bündelt noch einmal eine gleichgültige Einstellung. Dieser sollen die Schüler eine nicht gleichgültige Meinung entgegensetzen. Die Meinung der Schüler wird je nach Glaubenshaltung unterschiedlich ausfallen. Das Spektrum reicht von existentieller Betroffenheit durch Jesus über den reinen Vorbildcharakter für gutes Handeln bis zur Ablehnung.

A 5

Konsumdenken ist ein wichtiger Faktor, der die Lebenseinstellung vieler Menschen prägt und sich negativ auf das Gewissen auswirkt. Der Konsum kann die „Sprache des Gewissens" auf einer niederen Ebene halten, d.h. Gewissensentscheidungen folgen weitgehend subjektiven, egoistischen Befindlichkeiten und fragen nicht nach überindividuellen Wertmaßstäben (vgl. Kap. 4, A 11). Auf dieser niederen Ebene fordert das Gewissen auf zu kaufen, zu verbrauchen, wieder zu kaufen wie in einem nie zu beruhigenden Kreislauf.

M 1: Aus der Bildcollage suchen die Schüler Beispiele für Konsumartikel heraus, schreiben diese in die vorgesehenen Felder und bilden aus den gekennzeichneten Buchstaben den Begriff „Konsum". *Lösungswörter:* Alkohol, Fernsehen, Zigaretten, Urlaub, Kosmetik, Musik. In einem zweiten Schritt können die Schüler weitere Begriffe notieren, die zum Lösungswort „Konsum" passen, z. B. Geld, Unterhaltung, Markenkleidung usw.

M 2: In Gesprächen mit Schülern lässt sich leicht feststellen, dass Schüler, die sich keine Markenkleidung leisten können, zum Gesprächsthema in ihrer Klasse werden. Im Extremfall geraten sie in eine Außenseiterrolle. Der Artikel „Terror mit der echten Jeans" bestätigt diesen Konsumdruck durch die Hersteller und die Clique.

Arbeitsaufgaben:

- Unterstreiche mit drei Farben Aussagen über die Jugendlichen, die Werbeagenturen und die Eltern.
- Erläutere den Begriff „Terror" aus der Überschrift.
- Zeige auf, woher der Konsumdruck auf Jugendliche und ihre Eltern kommt.

A 6

M 1–5: Diese bewusst auf einer Kopierseite abgedruckten Materialien umkreisen einen weiteren, das Gewissen negativ prägenden Einfluss, den Egoismus. Sie geben nur einen kleinen Ausschnitt egoistischen Handelns wieder. Wie bei den Faktoren Gleichgültigkeit und Konsum sollen die Schüler zunächst das Problem „Egoismus" benennen. Allein schon die Betrachtung der Zeichnung (M 1) kann genügen um den Begriff „Egoismus" herauszufinden. So-

Tafelbild zu A 6/M 1–M 6:

M 2 Zweierbeziehung
- kein Wort wird miteinander geredet
- keine Blicke werden ausgetauscht
- die Frau wird nicht beachtet

M 3 Umgang mit der Zeit
- das Leben dreht sich nur um
  - Geldverdienen
  - Hausbau
  - berufliches Fortkommen

Egoismus

M 4 Planung einer Karriere
- gute Geschäftserfolge
- neues Haus
- Planung einer Familie
- Aktienpaket usw.

M 5 Mangelnde Hilfsbereitschaft
- verspätete Hilfeleistung
- viele fahren vorbei

lange die Menschen versuchen, nur sich selbst die Suppe in den Mund zu schieben, scheitern sie mit den langen Löffeln.
Die zweite Arbeitsaufgabe untersucht die Auswirkungen der egoistischen Haltung in verschiedenen Lebensbereichen. In der dritten Arbeitsaufgabe wird in den Lebensbereichen die egoistische Haltung näher beschrieben. Dabei bleibt es dem Lehrer überlassen, wie weit er auf die einzelnen Texte eingehen will. In M 4 liegt die Pointe in der Bitte an Gott, nicht mit einer Störung dazwischen zu kommen: Sogar Gott wird als Garant selbstbezogenen Wohlstandsdenkens benutzt.
Ergebnisse zu den Arbeitsaufgaben siehe Tafelbild.
Im weiteren Unterrichtsgespräch sollte herausgearbeitet werden, wie Egoismus zum Verstummen des Gewissens beiträgt. Gewissen verstummt, weil im Egoismus nur noch das Ich zählt. Jeder Anspruch des Guten und jeder Einspruch des anderen werden überhört oder einer selbstbezogenen Lebenseinstellung untergeordnet. Wachsendem Egoismus entspricht ein zunehmend stummes Gewissen.
M 6 versucht den Zusammenhang zwischen Egoismus und Gewissen in schülergemäßer Sprache zu verdeutlichen.
Lösungssatz: „Ich leiste mir eine Videokamera, ich genieße viel Freizeit, ich will gutes Geld verdienen und glücklich werden, aber ein schlechtes Gewissen habe ich selten gespürt, ich habe genug mit mir zu tun und kann mich nicht noch um Probleme anderer Menschen kümmern."
Der Lösungssatz verdeutlicht Konsum-, Genussdenken und Egoismus als selbstverständliche Einstellungen vieler Jugendlicher. Im Anschluss an die Besprechung der Lösung kann diese negative Charakterisierung der Jugendlichen bewertet werden.

A 7

M 1/M 2: Ein weiterer Faktor, der das Gewissen negativ prägt, ist die Bequemlichkeit. Der Auszug aus einer Rede Helmut Kohls (M 1) und die Karikatur (M 2) gehören als zwei sich ergänzende Materialien zusammen.
Ohne den Begriff „Bequemlichkeit" vorzugeben, versuchen die Schüler mit Hilfe des Textes das Thema zu benennen und in den Kasten einzutragen. Es können mehrere Begriffe sein, allerdings sollte der Begriff „Bequemlichkeit" nicht fehlen, denn er führt zur zweiten Arbeitsaufgabe hin. Der Redeauszug thematisiert Ursachen und Folgen von Bequemlichkeit im öffentlichen Leben. Bequemlichkeit im individuell-privaten Bereich bleibt dabei ausgeklammert und wird in M 3 angesprochen. Ursachen und Folgen sind von den Schülern nicht leicht auseinander zu halten, weil jede Folge auch Ursache erneuter Bequemlichkeit werden kann. Aus dieser unterschiedlichen Bewertung von Ursachen und Folgen kann sich ein Unterrichtsgespräch entwickeln.
Mögliche Eintragungen:
Ursachen: mit dem Strom der öffentlichen Meinung schwimmen; wer sich um nichts kümmert, hat keine Feinde; es ist einfacher, anderen die Verantwortung zu überlassen; man kommt in der Politik schneller voran.
Folgen: man wird feige, hat keine Nachteile.
Als Antworten auf die dritte Aufgabe können folgende Merkmale genannt werden: selbstzufrieden, fauler Sack, träge, satt, zugebunden, liegt herum.
M 3 konkretisiert Bequemlichkeit im Leben der Schüler. Das Thema wird von einer gesellschaftlichen Ebene auf eine individuelle geholt. Die zwei vorgegebenen Beispiele aus dem Bereich Verkehr zeigen, wie die Schüler die Satzanfänge ergänzen sollen.

A 8

M 1/M 2: Die von Jugendlichen intensiv genutzten Medien wie Fernsehen, Video, Walkman usw. verändern Wahrnehmungsfähigkeit, Rezeptionsverhalten und Konzentration vieler Jugendlicher. Im Extremfall wird die Unmittelbarkeit der Lebenswirklichkeit mit der vermittelten Welt in den Medien verwechselt. Wirklichkeitsverlust ist die Folge.
Arbeitsaufgaben:
- Kennzeichne mit Farbe alle Antworten, die zur Bildergeschichte passen.

- Versuche, Verbindungen mit schon besprochenen Einflüssen auf das Gewissen herzustellen.

Zur ersten Aufgabe gibt es mehrere passende Lösungen. Entscheidend bleibt, dass die Grundaussagen der abnehmenden Wahrnehmung, der Passivität und des Gleichgültigkeitsgefühls gegenüber der Umwelt zur Sprache kommen. Schwieriger sind die Antworten zur zweiten Aufgabe zu finden: Walkman hören macht gleichgültig gegenüber der Mitwelt, ist Ausdruck eines Konsumverhaltens und schließt egoistisch von anderen ab. Gleichgültigkeit, Konsum und Egoismus sind Haltungen, die das Gewissen zum Verstummen bringen.

M 3: Der Zeitungsausschnitt untersucht die Wirkungen der Medien auf ein Kind. In der Anhäufung der genannten Medien karikiert er die Dauerberieselung des Kindes. Dieses Extrembeispiel führt das Problem im Umgang mit den Medien umso klarer vor Augen.

Arbeitsaufgaben:

- Unterstreiche die genannten Medien mit Farbe.
- Unterstreiche mit anderer Farbe die Wirkungen dieser Medien auf das Kind.
- Stelle einen Zusammenhang zwischen diesen Wirkungen und dem Gewissen des Kindes her.
- Findest du den geschilderten Tagesablauf und die Auswirkungen realistisch?

Die leichte erste Aufgabe dient der genaueren Auseinandersetzung mit dem Text. Schwieriger sind die Wirkungen zu finden: der Junge wird geistesabwesend, schweigend, lustlos, passiv, in der Schule zerstreut, gelangweilt, lernt nur mühsam lesen, hat einen begrenzten Wortschatz, wird ruhig und pflegeleicht.

Die dritte Aufgabe eignet sich am besten für ein Unterrichtsgespräch. Die Formulierungen in der Antwort zu Aufgabe 2 können auch als Wirkungen auf das Gewissen genannt werden. Das Gewissen wird schweigend und passiv, ruhig und pflegeleicht. In der multimedialen Sintflut wird der Gewissensanspruch leiser oder ganz zum Verstummen gebracht.

Die letzte Aufgabe provoziert den Widerspruch der Schüler, denn die geschilderte Dauerberieselung ist überzeichnet und somit unrealistisch.

M 4: Die Karikatur greift das Problem der Berieselung durch Medien am Beispiel des Fernsehkonsums nochmals auf.

Arbeitsaufgabe:

- Versetze dich in eine Person des Bildes und schreibe deine Gedanken und Gefühle auf.

In den Antworten können die schon erwähnten negativen Einflüsse genannt werden: Glotzen ohne zu sehen, Kontaktlosigkeit, Passivität usw.

A 9

M 1/M 2: Das Silbenrätsel dient als Zusammenfassung der verschiedenen Gründe für verstummendes Gewissen. Es ist deshalb nur einsetzbar, wenn die meisten der vorausgehenden Materialien bearbeitet wurden. Die zusammengefassten Gründe werden nicht wie in den bisherigen Materialien als Substantive (Gleichgültigkeit usw.) wiedergegeben, sondern sind als Tätigkeiten umschrieben und in Silben zerlegt. Die zusammengesetzten Silben ergeben folgende sieben Tätigkeiten: wegsehen, ausweisen, genießen, faulenzen, sich berieseln lassen, alles gleich gelten lassen, sich zu wichtig nehmen.

Die Ergebnisse werden durch das Ausschneiden und Aufkleben der Pflaster vertieft. Das Überkleben des Gesichtes verdeutlicht, dass das Gewissen weder sieht noch hört und dadurch sprachlos wird. Beide Materialien sind ein spielerischer, kreativer Abschluss des dritten Kapitels.

Kapitel 4: Die Entwicklung eines sprechenden Gewissens

Sprechen lernt das Gewissen zunächst durch Angesprochen-Werden von Autoritäten wie Eltern, Lehrern usw. Sie vermitteln Wertvorstellungen und daraus abgeleitete Verhaltensnormen. In diesem Kapitel wird schwerpunktmäßig auf die grundlegende positive Funktion von Normen hingewiesen. Gleichzeitig wird die wichtige Unterscheidung eines starren, autoritären und eines offenen, humanen Gewissens erarbeitet.

A 10

M 1 ist ein Fallbeispiel für Vandalismus in der Schule und dient als „Exposition“ für ein Rollenspiel (M 2). Das Beispiel eines Schülers, der sich zunächst ganz normal verhält, dann aber gegen Mitschüler und Lehrer aggressiv wird, ist schulnahe und somit für eine Auseinandersetzung im Rollenspiel geeignet.

M 2 gibt Rollenkarten für fünf Personen vor und erfüllt damit die Forderung nach „vorstrukturierten Situationen“ als Einstieg in die Rollenspielpraxis. Ausgespart bleibt die Rolle Peters als Hauptperson. Die nicht beteiligten Schüler erarbeiten in Gruppen- oder Partnerarbeit eine Stellungnahme Peters. Die Schüler brauchen genügend Zeit um ihren Standpunkt für das Spiel zu finden. Bei einem eher schleppenden Gespräch können nicht beteiligte Schüler hinter einzelne Mitspieler treten und weitere Argumente dieser Personen einbringen. Nach dem Spiel sollten die verschiedenen Wertvorstellungen, die sich hauptsächlich an den Rollenkarten orientieren, an der Tafel notiert werden. Aus den unterschiedlichen Wertvorstellungen wird deutlich, wie Werte und Normen das Gewissen prägen und zu unterschiedlichem Handeln führen.

M 3: Der Sachtext dient zur Erarbeitung der positiven Funktion von Normen, wobei der Begriff „Norm“ durch den schülernäheren Begriff „Regel“ ersetzt ist.

Arbeitsaufgaben:

- Beschreibe die positiven Wirkungen von Regeln.
- Überlege die negativen Folgen von zu vielen Regeln.
- Nenne Folgen der Ablehnung von Regeln.

Die positiven Funktionen der Normen sind: Orientierung des nicht instinktgebundenen Menschen, Entlastung im Umgang miteinander und Hilfe für das Zusammenleben. An der Darstellung der positiven Folgen in Aufgabe 1 soll die Einsicht in die Notwendigkeit von Normen aufgezeigt werden, während die zweite Arbeitsaufgabe über den Text hinausgeht. Sie bringt die negativen Folgen von Normen zur Sprache wie Einengung, Unterdrückung statt Entlastung, Erstarrung. Die Antwort auf die dritte Frage findet sich wieder im Text: dauernde Diskussion und dauernder Entscheidungsdruck, kein Zusammenleben. Der Text weist außerdem kurz auf die Geschichtlichkeit und Veränderbarkeit von Normen hin. Es findet sich auch ein Hinweis auf christliche Normen, die in den Kap. 5–7 ausführlich entfaltet werden.

M 4: Die Kurzgeschichte schildert das Problem von autoritärem und nicht autoritärem Verhalten am Beispiel verschiedener Personen. Der Begriff ,autoriär' wird zunächst nicht explizit genannt.

Arbeitsaufgaben:

- Nenne die Personen, die in der Geschichte eher positiv oder eher negativ geschildert sind.
- Suche zu beiden Personengruppen konkrete Verhaltensweisen und Äußerungen.
- Versuche, die positive und negative Seite in jeweils einem Begriff zusammenzufassen.

Der Lehrer sollte bei der dritten Aufgabe darauf achten, dass die Begriffe ,autoriär' und ,offen' im Tafelbild erscheinen, falls die Schüler diese Begriffe nicht selbst finden.

Mögliche Ergebnisse siehe Tafelbild auf Seite 87.

In einem weiteren Unterrichtsschritt werden diese Begriffe auf das Gewissen bezogen. Die folgenden *Arbeitsaufgaben* können in einem Unterrichtsgespräch behandelt werden:

- Versuche aus dem autoritären Verhalten ein autoritäres Gewissen zu beschreiben.
- Erschließe aus den positiven Beschreibungen der Personen ein offenes Gewissen.

Mögliche Ergebnisse siehe Tafelbild, Teil 2.

Im weiteren Unterrichtsgespräch sollte darauf hingewiesen werden, dass die beiden Gewissensbeschreibungen nicht scharf voneinander zu trennen sind, da die Gewissensbildung ein ständiger Prozess ist. Außerdem kann der Frage nachgegangen werden, ob unterrichtliches Verhalten des Lehrers gewissensbildend wirkt (z. B. die Lehrersprache, das Vertrauen zum Lehrer usw.).

M 5 dient der Vertiefung und Überprüfung des Verständnisses von autoritärem und offenem Gewissen.

Lösungen: autoritär: 1, 3, 4, 6, 9, 12; offen: 2, 5, 7, 8, 10, 11, 13

A 11

M 1: Das Gewissen entwickelt sich in verschiedenen Stufen und kommt darin zu Entscheidungen. Es orientiert sich dabei an verschiedenen Maßstäben. Da es für Schüler dieser Altersstufe eine Überforderung wäre, selbst Maßstäbe für Gewissensentscheidungen zu formulieren, werden vier kurze Texte vorgegeben. Sie sind in Anlehnung an L. Kohlbergs Stufen zur Entwicklung der moralischen Urteilsfähigkeit formuliert.

Die Maßstäbe sollen erst nach der Besprechung eingeklebt werden. Dabei ist darauf hinzuweisen, dass nicht von einer kontinuierlichen Entwicklung der Stufen auszugehen ist, sondern immer ein Rückfall auf eine niedere Stufe möglich ist.

Lösung von unten nach oben im Stufenschema: 1, 4, 3, 2
Die oberste Stufe wird erst mit M 3 ausgefüllt.

M 2: Mit dem Fallbeispiel „Fahren ohne Führerschein" wird versucht, die erarbeiteten Maßstäbe zu vertiefen. Da diese noch abstrakten Maßstäbe möglicherweise von den Schülern nicht genau auseinander gehalten werden können, muss der Lehrer Hilfestellungen geben (z. B. „Achtet auf die direkte Rede der Personen."). Auf alle Fälle sollte jeder Stufe wenigstens ein Satz zugeordnet werden können.

Lösungen: Stufe 1: Zeilen 25–27, 41f.; Stufe 2: Zeilen 46f.; Stufe 3: Zeilen 57–59; Stufe 4: Zeilen 28–32, 49f.

Die zweite Aufgabe zielt auf eine Entscheidung von Markus. Im Unterrichtsgespräch sollten die Maßstäbe nochmals eingebracht werden ohne nach einem Konsens der Entscheidung zu suchen. Wichtiger bleiben die Erarbeitung und Beurteilung der Argumente zu dieser Entscheidungsfindung.

M 3: Die Karikatur führt zum anspruchsvollsten Maßstab für menschliches Handeln: Orientierung an den Menschenrechten. Dieser Maßstab wird in der Karikatur abgelehnt, denn auf das Gelächter des Mannes folgt sein Weggehen. Der hohe Anspruch dieses Maßstabes rechtfertigt eine eigene Darstellung.

Arbeitsaufgaben:

- Begründe das Gelächter des Mannes.
- Kennst du Situationen, in denen so gehandelt wird?
- Beschreibe eine wünschenswerte Reaktion des Mannes.
- Formuliere einen fünften Maßstab für Gewissensentscheidungen und trage ihn in das Stufenschema zu M 1 ein.

Als Antwort auf die vierte Frage kann in die oberste Stufe eingetragen werden:

> Mein Verhalten richtet sich nach allgemein gültigen Grundsätzen. Ein solcher Grundsatz ist die Beachtung der Menschenrechte, z. B. das Recht auf Meinungsfreiheit, Gleichheit usw.

Die Karikatur kann auf Folie kopiert und Bild für Bild besprochen werden. So wird der Überraschungseffekt verstärkt und die Schüler werden langsam zu dieser letzten Orientierung hingeführt.

A 12

M 1: Die drei ganz unterschiedlichen Gewissenskonflikte bieten Möglichkeiten, die Maßstäbe für das Handeln (A 11) anzuwenden ohne eine eindeutige Entscheidung treffen zu müssen. Wichtiger ist die Vielfalt der Handlungsmöglichkeiten und die jeweilige Begründung. Die Konflikte bilden eine breite Grundlage für eine lebendige Diskussion.

Information zum ersten Gewissenskonflikt:
Max Planck unterschrieb nicht, denn er wollte nicht gegen sein Gewissen handeln und wusste sich zudem in seiner Entscheidung mit seinem Sohn einig. Erwin Planck wurde am 27. Januar 1945 hingerichtet.

M 2: Der Lückentext ist eine Zusammenfassung zur Sprachlichkeit des Gewissens. Gewissen ist eine Stimme, die im Alltag in Form von vielerlei Stimmen zu hören ist. Aus dieser Vielstimmigkeit ergibt sich die Ambivalenz für eine Gewissensentscheidung. Entweder verstummt das Gewissen oder es kommt zu einer klar sprechenden Entscheidung (siehe Kap. 5).

Die Lückenwörter in der richtigen Reihenfolge sind: Zweifeln, Stimme, horcht, Orchester, innere, töten, unzweideutig, klar, Gute, trennscharf, verhindern, umschwirrt, abzustellen. Die Originalüberschrift lautet: Das Gewissen.

Tafelbild zu A 10/M 4:

Personen mit positiver Schilderung	Personen mit negativer Schilderung
Mutter Frau Beckmann Oma Vater	Busfahrer Herr Hasbach Carsten
Beispiele für Verhaltensweisen und Äußerungen	
zusammen überlegen noch einmal versuchen Konflikte mit Humor angehen freundlich sein Interesse zeigen aufmerksam zuhören sich in andere hineindenken anderen Recht geben zu bedenken geben nicht schnell urteilen anderen vertrauen	brüllen andere fertig machen mit Noten drohen auslachen nicht mit anderen reden machen, was man will niemandem helfen selbst im Mittelpunkt stehen
offen, human	autoritär, starr

Kapitel 5: Das klar sprechende Gewissen – der Anspruch des Guten und der Wahrheit

A 13

M 1: Das gesamte Arbeitsblatt hat die Interpretation des Gewissens als einer Stimme Gottes zum Ziel. Der Ausschnitt aus dem Begleitblatt zum Film „Werke der Barmherzigkeit – Menschen, die auf der Straße schlafen" (FWU Nr. 32 3560, Laufzeit 22min.) macht deutlich, dass das Gewissen zum Guten auffordert („Liebe im Herzen") und dementsprechend handeln lässt („...hat es mich irgendwie hingezogen"). Die Schüler lernen in der Person und im Handeln des Lokführers W. Lorenz ein konkretes Beispiel für ein klar sprechendes christliches Gewissen kennen.

Arbeitsaufgaben:
- Unterstreiche Gründe für den Einsatz von W. Lorenz.
- Nenne konkrete Hilfen.

Als Gründe können genannt werden: Begegnung mit den Bettlern, die W. Lorenz als Begenung mit Christus erfährt; Liebe in den Augen der Bettler. Konkrete Hilfen sind leicht ersichtlich.

M 2: Hier wird nun durch einen Textausschnitt aus dem II. Vatikanum ein Verständnis eines christlichen Gewissens eingeführt. Im amtlichen Text sind zu diesem Abschnitt die Bibelstellen Mt 22,37–40, Röm 2,14–16 und Gal 5,14 angemerkt, die der Lehrer evtl. zusätzlich in den Unterricht einbringen kann. Den Inhalt des sehr dichten und deshalb für die Sekundarstufe I bewusst kurz gehaltenen Textes sollen die Schüler zunächst nach ihrem Verständnis wiedergeben.

Arbeitsaufgaben:
- Stelle kurz dar, wie das Gewissen hier bestimmt wird.
- Versuche, den Inhalt des Textes zeichnerisch auszudrücken.

Mögliche Bestimmung des Gewissens: Inneres Gesetz, Stimme Gottes im Herzen, fordert auf zu Liebe und gutem Handeln. Die Ergebnisse der kreativen Übung können später mit den Bildern aus M 3 verglichen werden.

M 3: Die beiden Holzschnitte des Reutlinger Künstlers W. Back stellen die Aussagen der Texte M 1 und M 2 bildlich dar. Der Kreis als absolute Form steht dabei für das dem Menschen eingegebene Gesetz, „dem er gehorchen muss". Die im Inneren des Gewissens sprechende Stimme dieses Gesetzes ist in M 3 durch die feinen Strukturen im Inneren des Kreises wiedergegeben. So wie diese Strukturen leicht übersehen werden können, ist die leise, unaufdringliche Stimme des Gewissens leicht zu überhören.

Die beiden Bilder werden am besten als Bildfolge betrachtet. Die Schüler sollten zunächst nur M 3 vorliegen haben, das mit folgenden Arbeitsaufgaben erschlossen werden kann.

Arbeitsaufgaben zu M 3:
- Erkläre dieses Bild mit Hilfe des Textes M 2 als Darstellung des Gewissens.
- Versuche die feinen Strukturen im Kreis auf das Gewissen hin zu deuten.

Mögliche Ergebnisse zu Aufgabe 2:
Stimme Gottes fein dargestellt, feine Strukturen wirken lebendig, geordnet, zur Mitte hin orientiert.

M 4 zeigt wiederum den Kreis als bestimmendes Bildelement.

Arbeitsaufgaben zu M 4:
- Beschreibe die Veränderungen gegenüber M 3.
- Deute die Wellenlinien mit Hilfe der Texte M 1 und M 2. Denke dabei an Wasser- oder Schallwellen.
- Gibt es Ähnlichkeiten mit euren Bildern?

Im Unterschied zu M 3 sind die feinen Strukturen jetzt als konzentrische Wellenlinien in und außerhalb des Kreises zu erkennen. Das Bild wirkt insgesamt bewegter, lebendiger.
Die Wellenlinien erinnern an Wasser, in das man einen Stein hineingeworfen hat. Auch das Gewissen bedarf oft eines Anstoßes, um es zur Wirkung kommen zu lassen. W. Lorenz erzählt von einem „Punkt, der mein ganzes Leben verändert hat" und sein Engagement aus christlichen Motiven heraus begründet. Diesem Engagement entsprechen die kräftigen, nach außen drängenden Wellenlinien.
Denkt man an Schallwellen, so ist eine Deutung auf der Linie des II. Vatikanums eher möglich. Der Mensch ist im Gewissen als einer inneren Stimme Gottes „zur Liebe und zum Tun des Guten und zur Unterlassung des Bösen" aufgerufen. Das dem Aufruf Gottes antwortende Gewissen wirkt wie ein Sender nach außen „in der Liebe zu Gott und dem Nächsten".

A 14

M 1: Oft besteht eine Spannung zwischen Minderheit und Mehrheit, zwischen einem Einzelnen und den Vielen, wer denn nun in Gewissenskonflikten das klare Wort spricht. Die Karikatur ist zunächst als Impulsmedium zu verstehen.
Arbeitsaufgaben:
- Beschreibe die Karikatur.
- Kannst du dem Verhalten des Einzelnen zustimmen?
- Suche Beispiele aus dem Alltag für das Verhalten des Einzelnen und der Masse.
- Spielt solche Beispiele aus dem Stegreif.

Die Schüler beschreiben spontan die dargestellte Situation (ein Einzelner sondert sich von der Masse ab, sucht seinen eigenen Weg) und finden evtl. selbständig die Ambivalenz der Bildaussage heraus: Entweder der Einzelne erkennt den breiten Weg, den die meisten gehen, als Irrweg und weist durch seinen Alleingang die anderen zurecht, oder er ist ein überheblicher Abweichler, der die vielen verachtet. Die Schüler finden leicht Beispiele für spannungsreiche Begegnungen zwischen Einzelnen und Vielen, angefangen von Außenseitersituationen in der Klasse über Konflikte in Elternhaus und Verwandtschaft bis hin zu gesellschaftlichen Problemfeldern (u. a. Fremdenfeindlichkeit, ökologische Lebensweise).
M 2/M 3: Die biblischen Weisungen zeigen dieselbe Spannung wie die Karikatur: Der Einzelne gegenüber den Vielen. Als ein neuer Gesichtspunkt ergibt sich in den biblischen Texten, dass der Einzelne und die Vielen als Glieder einer christlichen Gemeinde angesprochen und aneinander gewiesen werden.
„Richtet euch nicht nach den Maßstäben dieser Welt" (Röm 12,2) lässt sich als Aufforderung an jeden Menschen lesen, der Masse und dem Zeitgeist zu widerstehen und bei Gott Orientierung für einen eigenständigen Weg zu suchen. Daneben stehen Weisungen an Einzelne, die Gemeinschaft der Vielen nicht zu verlassen und sich um diese Gemeinschaft zu bemühen: „Einer soll sich um den anderen kümmern und ihn zur Liebe und zu guten Taten anspornen" (Heb 10,24).
In M 2 ergeben sich mit Aussagen aus Psalm 1,1f. und Röm 12 eher Mahnungen eines Einzelnen an Viele, in M 3 mit Aussagen aus Eph 4ff. und Heb 10,24f. eher Weisungen für einen Einzelnen.
Ergänzungen der Satzanfänge können sein: Es ist gut, als Gemeinschaft auf Einzelne zu hören – Es ist gut, als Einzelner auf eine Gemeinschaft zu hören.

A 15

M 1: Zunächst werden die biblischen Zehn Gebote in einfachen Formulierungen vorgestellt. „Du sollst ..." wurde gezielt beibehalten um den Anspruch in diesen Geboten herauszustellen. Die Zehn Gebote sind nicht nur einfach An-Gebote, die wir annehmen oder ausschlagen könnten. Sie sind Weisungen, die das Gewissen binden.
Den Zehn Geboten sind zehn anthropologische Entsprechungen – als Wünsche formuliert – an die Seite gestellt. Diese Wünsche sollen die Zehn Gebote aus ihrer manchmal großen Distanz zum Schüleralltag befreien und nachvollziehbar machen.
Die Zuordnung ergibt folgende *Lösung*:
1C – 2E – 3K – 4I – 5G – 6B – 7H – 8D – 9A – 10F
Der zusammenfassende Satz mit den unterstrichenen Wörtern ergibt die „Goldene Regel" aus Mt 7,12: Was man euch tun soll, das tut anderen auch.
Zusätzlich können die zusammenpassenden Kreise ausgeschnitten und an einem Faden zusammengeklebt werden (evtl. Hausaufgabe).
M 2/M 3: Beide Materialien zeigen, dass sich ein klar sprechendes Gewissen im konkreten Handeln auswirkt. Die angesprochenen Bereiche Sport und Schule gehören zum unmittelbaren Lebensumfeld der Schüler.
Falls der Lehrer M 2 als selbständiges Material einsetzen will, kann er die Verben in die Bereiche „Tun des Guten" und „Unterlassung des Bösen" gliedern lassen. Passende Verben zum Einsetzen in M 3 sind aus M 2 leicht zu finden. Die Auswahl von drei Geboten ermöglicht den Schülern eine eigene Gewichtung und Stellungnahme.
Die letzte Aufgabe transferiert das Problem in die Schulwirklichkeit.

A 16

Dieses Arbeitsblatt stellt die Zehn Gebote – exemplarisch am 8. Gebot – in die Lebenswirklichkeit junger Menschen hinein. Dabei soll deutlich werden, dass es beim 8. Gebot um mehr geht als „die Wahrheit sagen" oder „die Unwahrheit sagen". Der gewissenlose Gebrauch von Lügen und Halbwahrheiten in Form von Gerüchten ist Ausdruck einer unwahrhaftigen Haltung. Wahrhaftigkeit und Unwahrhaftigkeit sind Schlüsselworte in diesen Materialien und ermöglichen eine differenzierte Betrachtungsweise, auch beim Thema Notlüge.
M 1: Die Aufgabe ist ein spielerischer Einstieg in die Thematik und motiviert die Schüler.
Aus den vorgegebenen Satzteilen ergeben sich folgende sechs Sprichwörter:
1. Eine Lüge schleppt zehn andere nach sich.
2. Ein Lügner muss ein gutes Gedächtnis haben.
3. Lügen haben kurze Beine.
4. Wer einmal lügt, dem glaubt man nicht und wenn er auch die Wahrheit spricht.
5. Eine halbe Wahrheit ist eine ganze Lüge.
6. Lügen und Lawinen wachsen immer.

Sprichwörter sind stark verdichtete Lebenserfahrungen. Darum kann es reizvoll sein, einige dieser Sprichwörter von den Schülern in einem Unterrichtsgespräch durch Beispiele und kleine Geschichten erläutern zu lassen. Zu M 2 bietet sich eine ähnliche Arbeitsaufgabe an. Wer dort zu den Gründen für das Lügen Beispiele und Situationen besprechen will, sollte sich hier auf die Zusammenstellung der Sprichwörter beschränken.

M 2: Die Bewertung und das Finden weiterer Gründe, warum Menschen lügen, erlaubt den Schülern zunächst eine eigene Stellungnahme. Die Methode des Ankreuzens ist ein guter Gesprächsanreiz. Bei der Besprechung sollten die Schüler ihre Bewertungen anhand von Beispielen und kurzen Situationsbeschreibungen erläutern.

M 3: Gerüchte sind meist eine besonders hässliche Form der Lüge. Sie dienen der eigenen Wichtigtuerei, dem Naserümpfen über andere und oft auch deren Diffamierung bis hin zum Rufmord. Sie solidarisieren Menschen auf eine äußerst gefährliche Weise. Dies bringt die Lithographie von A. Paul Weber aus dem Jahre 1953 zum Ausdruck. Sie prangert die unmenschliche, monotone Architektur moderner Großstädte an, deren Bewohner nur zu gerne aus der Enge und Langeweile ihres Daseins heraus bereit sind einem Gerücht zu folgen. Über den Titel finden die Schüler einen leichten Zugang zum Bild.

Arbeitsaufgaben:
- Finde im Bild Merkmale für Gerüchte.
- Beschreibe die Entstehung eines Gerüchts mit Hilfe des Bildes.
- Kannst du einen Zusammenhang zwischen den Häuserblocks und dem Anwachsen des Gerüchtes erkennen?

Im Gegensatz zu den glatten Fassaden wirkt das Gerücht geradezu interessant. Es schlängelt sich wie schwerelos durch die Häuserschluchten und ist dabei ständig im Zunehmen begriffen durch die Menschen, die auf das Gerücht aufspringen. Einige im Hintergrund scheinen in die Tiefe zu stürzen. Dem Gerücht sind die Opfer freilich gleichgültig, es schaut nicht zurück. Mit übergroßen gespitzten Ohren, riesigen Augen hinter starken Brillengläsern und einer vorausriechenden Nase sucht es vorwärtsdrängend nach Neuigkeiten, über die es die Stirn runzeln und mit gespaltener Zunge tuscheln oder auch krakeelen kann.

M 4: Einen Teilaspekt von Gerüchten bringt die kleine Geschichte zum Ausdruck: Gerüchte lassen sich nicht zurücknehmen. Wie der Wind Bettfedern in alle Richtungen verstreuen kann, so unkalkulierbar breiten sich Gerüchte aus. Die Geschichte ist ohne den Schluss, die Antwort des Rabbi, wiedergegeben.

Zusatzaufgabe:
- Erkläre die Bildworte „Bettfedern", „einsammeln" und „Wind".

Der ursprüngliche Schluss lautet: „Siehst du, das ist genau wie mit deinen bösen Worten über andere Menschen. Das kannst du gar nicht mehr ganz wiedergutmachen!"

M 5: Der Sachtext bietet eine Differenzierung und Abgrenzung der Begriffe Wahrhaftigkeit und Unwahrhaftigkeit an. Insbesondere im Nachdenken über Notlügen können die Schüler einsehen, dass über Wahrhaftigkeit nicht prinzipiell, sondern situationsabhängig entschieden werden muss (M 6 nennt solche Situationen). Lüge bleibt Lüge, ist aber in ihrer jeweiligen Auswirkung zu unterscheiden. Wendet sie Unrecht und Schaden von anderen ab, ist sie anders zu beurteilen, als wenn sie Unrecht und Schaden zufügt.

Arbeitsaufgabe:
- Unterstreiche mit verschiedenen Farben Wörter, die zur Wahrhaftigkeit und Unwahrhaftigkeit passen.

Die gefundenen Wörter werden in M 6 zur Lösung der Arbeitsaufgabe weiter verwendet und sind aus dem Lösungsvorschlag zu M 6 ersichtlich.

M 6: Sechs konkrete Situationen geben den Schülern Gelegenheit, die in M 5 erarbeiteten Begriffe zu Wahrhaftigkeit und Unwahrhaftigkeit anzuwenden.

Lösungsvorschlag: 1. Lügen 2. Ausrede 3. Unwahrhaftiges Handeln 4. Wahrhaftiges Reden 5. Wahrheit verschweigen 6. positive Notlüge

In geeigneten Klassen können nach Erledigung der Arbeitsaufgabe ähnliche Situationen in Form von Stegreifspielen vorgestellt werden.

M 7: Das Maskenbild kann als Impuls für ein Unterrichtsgespräch über das Tragen von Verkleidungen und Masken im buchstäblichen wie übertragenen Sinn dienen.

Arbeitsaufgabe:
- Ist es gut oder schlecht, eine Maske zu tragen?
  Begründe deine Antwort mit Beispielen.

Die Schüler sollen in der Beantwortung der Bewertungsfragen entdecken, dass die mit dem Tragen einer Maske verbundene Täuschung positive und negative Aspekte enthält. Gut ist, dass eine Maske vor Bloßstellung schützen kann und eine gewisse Zurückhaltung ermöglicht. Schlecht ist, dass sie eine vertiefte menschliche Begegnung verhindern kann und ein falsches Bild vorgibt.

M 8/M 9: Beide Gebete thematisieren das Maskentragen, beide drücken den Wunsch aus, die Masken abzulegen.

Arbeitsaufgaben:
- Unterstreiche Formulierungen, die im Gebet „Das Schweigen brechen" das Tragen einer Maske ausdrücken.
- Suche in beiden Gebeten Gründe, warum die Beter gegenüber Mitmenschen Masken tragen.
- Suche Gründe, warum beide Beter ihre Masken schließlich doch ablegen.

A 17

M 1: Der Text greift die biblische Seligpreisung „Selig sind die Sanftmütigen ..." heraus und bezieht sie auf die Situation älterer Menschen. Sanftmütiger Umgang mit ihnen wird konkretisiert.

Arbeitsaufgaben:
- Begründe, dass dieser Text aus der Sicht älterer Menschen heraus geschrieben ist.
- Formuliere mit Hilfe des Textes, wie sich Sanftmut älteren Menschen gegenüber zeigt.

Mögliche Ergebnisse zu Aufgabe 1: lahme Hand, Schwerhörigkeit, Sehschwäche, Gedanken gehen langsam, Gedächtnislücken, allein gelassen.

Mögliche Ergebnisse zu Aufgabe 2: Verständnis zeigen, freundlich sein, verweilen, zuhören und plaudern, Liebe und Achtung zeigen.

Die Ergebnisse zu Aufgabe 2 deuten auf die Spannung zwischen der Haltung der Sanftmütigkeit und daraus folgendem konkretem Verhalten hin (zuhören, helfen).

M 2 transferiert die Arbeitsergebnisse aus M 1 in die Beziehung von Eltern und Lehrern zu Kindern bzw. Schülern. Mit den Satzanfängen aus M 1 sind zunächst vier Abschnitte vorgegeben, in denen sanftmütiges Verhalten von Eltern und Lehrern beschrieben ist. Die selbstständige Ergänzung weiterer vier Satzanfänge erlaubt den Schülern die Reflexion ihrer Lage in Elternhaus und Schule. Die Schülerformulierungen drücken den Wunsch nach sanftmütigem Umgang aus.

M 3: Nach der gemeinsamen Lektüre der biblischen Seligpreisungen werden diese zunächst gesondert bearbeitet und danach mit den Zehn Geboten zusammen auf das Gewissen bezogen.

Arbeitsaufgaben:

- Suche in den Seligpreisungen nach Personen, denen etwas zugesprochen wird und nach Forderungen.
- Untersuche die Zehn Gebote (A 15) nach der gleichen Unterscheidung.
- Beschreibe, wie Seligpreisungen und Zehn Gebote auf das Gewissen einwirken.

Die Unterscheidung in den ersten beiden Aufgaben kann so aussehen:

Zuspruch: für Arme vor Gott, für Trauernde, für Barmherzige, für Menschen mit reinem Herzen, für Verfolgte.

Forderungen: keine Gewalt anwenden, Frieden stiften, Gerechtigkeit herstellen, die Zehn Gebote befolgen.

Die Trennung zwischen Zuspruch und Forderungen wird für Schüler der Mittelstufe nicht leicht zu ziehen sein. Auch die schwierige dritte Aufgabe, die Seligpreisungen, Zehn Gebote und Gewissen zusammenbringt, kann evtl. nur in guten Klassen besprochen werden.

Mögliches Ergebnis: hoher Anspruch, teilweise schwer zu verwirklichen, Zuspruch verstärkt gutes Handeln.

M 4: Die vorgegebenen Sätze erlauben eine wertende Stellungnahme der Schüler.

Arbeitsaufgabe:

- Unterstreiche alle Sätze, die als Beschreibungen der Seligpreisungen gelten können.

Als Beschreibungen der Seligpreisungen sind folgende Sätze möglich:

Es gibt Glück ... , Du wirst glücklich genannt ... , Die Seligpreisungen sprechen ... , Auch der kleinste Einsatz ... , Du wirst ohne Vorleistung ... .

A 18

Die Materialien dieses Arbeitsblattes versuchen die Begriffe Schuld und Sünde auf schülergemäße Art zu klären und vom Begriff Schwäche abzugrenzen.

M 1: Neun kurz beschriebene Situationen aus dem Lebensumfeld von Schülern werden auf schuldhaftes Verhalten hin befragt.

Mögliches Ergebnis: 1. keine Schuld – Versehen, 2. keine Schuld – Irrtum, 3. Schuld – Bösartigkeit, 4. Schuld – Gleichgültigkeit, 5. Schuld – Lieblosigkeit, 6. keine Schuld – Fehler, 7. Schuld – Egoismus, 8. keine Schuld – Schwachheit, 9. Schuld – Habgier

Im abschließenden Unterrichtsgespräch ergibt sich eine vorläufige Begriffsklärung von Schuld als absichtliches Handeln. Die Situationen 4 und 5 zeigen darüber hinaus, dass Schuld nicht nur im absichtlichen aktiven Tun besteht.

M 2: Der Text grenzt Schuld von menschlicher Schwäche ab. Er knüpft dabei an die Ergebnisse aus M1 an, führt dann aber weiter zu Kriterien schuldhaften Handelns: absichtlich und bewusst gegen Ordnungen, Regeln und Gesetze verstoßen und frei gegen einen Anspruch handeln. Die Abgrenzung der Schuld von Schwäche als Teil unserer Geschöpflichkeit kann in manchen Situationen entlastend sein: Es ist nicht alles Schuld, was vorschnell so genannt wird. Der Text warnt allerdings am Anfang und am Schluss, über die Schuldfrage allzu rasch und oberflächlich zu entscheiden. Diese Entscheidung erfordert ein klar sprechendes Gewissen.

Arbeitsaufgaben:

- Nenne Voraussetzungen, um von Schuld sprechen zu können.
- Folgen unserer Begrenztheit sind meist keine Schuld. Erläutere diesen Satz mit Hilfe von Beispielen aus dem Text.
- Suche jeweils zwei eigene Beispiele, wo Schuld bzw. keine Schuld vorliegt.

M 3: Die Urgeschichten der Bibel stellen Grundmotive menschlichen Handelns heraus. Die Geschichte vom Sündenfall, die hier nach Gen 2 und 3 nacherzählt ist, beschreibt gültig, was mit Sünde gemeint ist.

Arbeitsaufgabe:

- Suche Formulierungen im Text, die mit ihren Anfangsbuchstaben das Wort S-Ü-N-D-E umschreiben.

Ergebnis: Sein wollen wie Gott, Überschreitung der Grenze, Nur sich sehen, Der falschen Stimme folgen, Entscheiden über Gut und Böse

Siehe Tafelbild auf Seite 91.

In einem ersten Schritt werden die Schwächen in die Personen hineingelegt. Die Beziehung zu Gott und zueinander bleibt dadurch unverstellt (*siehe Bild 1*).

In einem zweiten Schritt wird deutlich gemacht, dass Schuld wie eine Mauer von Gott und den Mitmenschen trennt (*siehe Bild 2*).

Die Überwindung dieser Trennung wird in A 19 und A 20 angedeutet, in Kap. 7 dann christologisch begründet.

A 19

M 1: Der kurze Satz von S. J. Lec ist Einstieg in die Thematik des Arbeitsblattes: Ein reines Gewissen kann ein stummes Gewissen sein, ein durch verschiedene Faktoren zum Schweigen gebrachtes Gewissen (siehe Kap. 3). Ein solches reines Gewissen scheint gut und ist doch eigentlich schlecht.

Die gesammelten Einfälle der Schüler können in ein Unterrichtsgespräch über gutes und schlechtes Gewissen münden.

M 2: Das in M 1 schon angedeutete gute und doch schlechte Gewissen erfährt nun eine Präzisierung. L. Zenetti nennt gängige Ausreden eines solchen Gewissens und prangert sie als Schuld an. Ein Mensch, der zwar nicht zum Mörder geworden ist, aber fern von Hunger und Streit die Not von Mitmenschen bequem ignoriert, ist nicht freizusprechen. Analog zu den Abschnitten des Gedichtes formulieren die Schüler drei eigene Beispiele.

Mögliche Themen für Satzergänzungen: Abschreiben bei Klassenarbeiten, Konflikte mit Lehrern, Mithilfe im Haushalt usw.

Da alle Beispiele mit einem Schuldspruch enden, kann in einem Unterrichtsgespräch herausgearbeitet werde, dass Menschen auch ohne konkretes Handeln schuldig werden können.

M 3: Das Gedicht bringt die guten Aspekte eines schlechten Gewissens zur Sprache: hält wach, bringt zum Nachdenken, macht erfinderisch. Das Gedicht entlarvt gleichzeitig das gute Gewissen als eigentlich schlecht: sanftes Ruhekissen, getarnt mit guten Sprichwörtern und nichtssagenden Redensarten, unglaubhaft.

Tafelbild zu A 18/M 3:

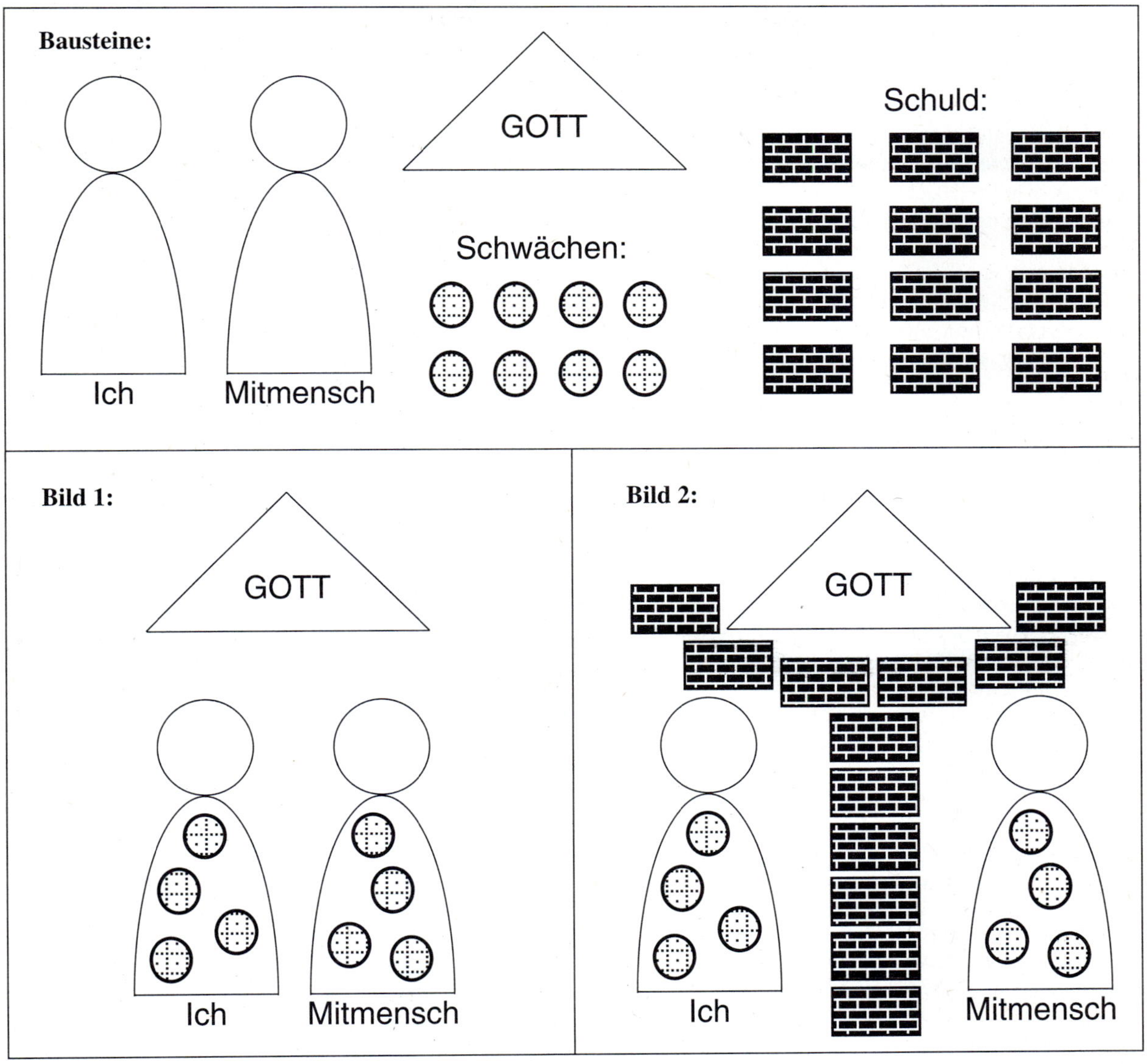

Die richtige Reihenfolge der einzusetzenden Wörter lautet: gutes, Ruhekissen, unruhiges, einschläft, aufschreckt, Gute, unterlassen, getan, erfinderisch, wagt, glaubhaft.

M 4: Der Text ist für Mittelstufenschüler anspruchsvoll und sollte mit Hilfe der Arbeitsaufgaben Schritt für Schritt ausgewertet werden.

Arbeitsaufgaben:

- Suche Gründe, warum ein schlechtes Gewissen gut sein kann.
- Zeige aus dem Text zwei unterschiedliche Wege für den Umgang mit einem schlechten Gewissen.

Mögliche Ergebnisse:

Gründe für ein schlechtes, aber doch gutes Gewissen: lässt nicht einschlafen; setzt in Bewegung; schreckt aus Gewohnheiten auf; gibt Blick auf das Gute frei; zeigt, dass das Gewissen noch spricht; stellt den Menschen vor seine Mitmenschen.

Negativer Weg: Flucht, Isolation, Ablenkung; positiver Weg: bekennen, dazu stehen.

A 20

M 1/M 2: Der Text schildert die Gedanken und Gefühle eines Autofahrers, der in alkoholisiertem Zustand einen Radfahrer anfährt, ihn verletzt liegen lässt und Fahrerflucht begeht. Unterwegs meldet sich sein Gewissen. Das weitere Geschehen bleibt für die Schüler zunächst offen.

Bei der Erledigung der ersten Aufgabe müssen die Gewissensäußerungen Ellebrachts bewertet werden, ob sie entlasten oder belasten. Erst danach werden sie ins Schema (M 2) eingetragen. Dabei sind die belastenden Argumente schwerer zu finden.

Mögliche Eintragungen:

Entlastend: es wäre jedem so ergangen beim Wagenwechsel nach sechs Jahren; du musstest weiterfahren wegen Konkurrenz im Geschäft; der Unfall ist Kavaliersdelikt; als Familienvater richtig gehandelt.

Belastend: vier Glas Bier getrunken; bedenke, wann der Radfahrer wieder bei seiner Familie sein wird; zum Kreuz umgebogenes Firmenzeichen auf Kühlerhaube erinnert an angefahrenen Radfahrer.

Die Formulierungen deuten auf ein sprechendes Gewissen hin.

Mögliche Ergebnisse zur zweiten Aufgabe:
- fährt zurück und hilft dem Verletzten, bringt ihn ins Krankenhaus
- benachrichtigt Polizei und Krankenwagen
- meldet den Unfall anonym
- bekommt Angst und fährt nach Hause

In einem abschließenden Unterrichtsgespräch sollte leicht Konsens darüber herzustellen sein, dass Umkehr und Hilfe als richtiges Handeln aus dem schlechten Gewissen folgen. Dementsprechend lautet die Fortsetzung der Geschichte:
„Ich kann das Kreuz nicht zurechtbiegen und dabei in das Blut greifen. Ich bringe das nicht fertig. Ich kann nicht eher zu irgendeinem zurück, bis ich bei dem Mann gewesen bin. Ellebracht spürte, wie seine Hände trocken wurden und sich fest um das Lenkrad legten. Ohne Mühe wendete der Mann den schweren Wagen und jagte die Straße zurück ..."
In dieser Geschichte führt das schlechte Gewissen zum Eingeständnis der Schuld, während die Befreiung aus Schuld durch den Glauben an Jesus Christus in Kap. 7 thematisiert wird.
Als Zusatzaufgabe können die Schüler im Text nach körperlichen Auswirkungen des schlechten Gewissens suchen, z. B. übler Geschmack auf der Zunge, Schläfen pochen, Angst im Nacken, feuchte Finger, heftiges Schwitzen.

Kapitel 7: Jesus befreit im Reden und Handeln

A 21
Ziel des Arbeitsblattes ist ein Überblick über das Leben Jesu. Die beiden Texte stellen noch keine direkte Verbindung zum Gewissen her, sondern führen zur Person Jesu hin. Sie zeigen aber einen unbequemen Jesus, der in seinen Worten und Taten oft unsere Vorstellungen vom Leben durchkreuzt.
Die Texte können auch in einer Unterrichtseinheit zu Jesus Christus eingesetzt werden.
M 1: Das Gedicht von Kurt Marti umspannt das öffentliche Wirken Jesu bis zur Auferstehung.
Arbeitsaufgabe:
- Gliedere das Gedicht in vier Abschnitte, die das Leben Jesu beschreiben. Finde zu jedem Abschnitt eine Überschrift.

Mögliche Lösung:
Öffentliches Wirken in Galiläa: Strophen 1 bis 4; Passion in Jerusalem: Strophen 5 und 6; Auferstehung: Strophen 7 und 8; Verkündigung: Strophe 9
Evtl. können Strophen auch vermischt an die Schüler ausgegeben werden. Sie sollen dann in eine passende Reihenfolge gebracht werden. In diesem Fall kann der Lehrer die vier Überschriften aus dem Lösungsvorschlag oben als Ordnungskriterien vorgeben.
M 2: Der phantasievoll überraschende Text motiviert die Schüler. Er kann als Ausgestaltung von Mk 3,21 verstanden werden, wo Verwandte über Jesus sagen: Er ist von Sinnen.
Arbeitsaufgaben:
- Schreibe sechs Eigenschaften heraus, die für dich die Person Jesu am Besten charakterisieren.
- Versuche, zu einzelnen Ratschlägen des Textes entsprechende Worte und Taten Jesu zu finden.

Zur Aufgabe 2 können Bibeln ausgeteilt werden und vier Gruppen können in jeweils einem Evangelium nach passenden Worten und Taten Jesu suchen. Die in den Bibeln abgedruckten Kapitelüberschriften können eine Orientierung zur Lösung der Aufgabe sein.

A 22
Texte und Bilder dieses Arbeitsblattes zeigen beispielhaft die Zuwendung Jesu zu den Menschen.
M 1/M 2: Der biblische Text der Jüngerberufung (M 1) bildet den Hintergrund für ein Gespräch der Jünger Simon, Jakobus und Johannes über ihre Begegnung mit Jesus und den erstaunlichen Fischzug (M 2). Dieser Text eignet sich vor der Bearbeitung der Arbeitsaufgaben zum Lesen mit verteilten Rollen.
Arbeitsaufgaben:
- „Ich bin ein sündiger Mensch!" Unterstreiche im Gesprächstext dazu passende Formulierungen.
- Unterstreiche mit anderer Farbe, wie Jesus mit Sündern umgeht.

Zu Aufgabe 1 können v. a. Formulierungen im dritten Redeteil Simons unterstrichen werden: „Ich konnte ihm nicht glauben", „kleinkariert und engstirnig", „den Worten Jesu nichts zugetraut", „gefangen in meinen bisherigen Erfahrungen".
Evtl. kann nach dem Sammeln dieser Formulierungen erörtert werden, ob bei Simon Schwäche oder Sünde vorliegt (vgl. A 18).
In Aufgabe 2 kann z. B. in den jeweils letzten Redeteilen von Jakobus und Simon unterstrichen werden: „sich öfters mit Zöllnern abgibt und mit ihnen isst", „offen mit ihnen umgehen", „verzeiht ihnen und befreit sie von ihrem schlechten Gewissen", „Einladung, ihm zu folgen".
M 3: Das leicht verständliche Bild von Otto Dix kann mit folgenden Arbeitsaufgaben erschlossen werden:
- Ordne das Bild einer Szene aus der biblischen Geschichte (M 1) zu.
- Beschreibe die Haltung des Petrus gegenüber Jesus. Achte dabei auf den Gesichtsausdruck.
- Gibt es in diesem Bild Hinweise auf Jesu Umgang mit Petrus? Ziehe dazu den Dialog (M 2) heran.

Das Bild passt zur Bitte Jesu, nochmals auf den See hinaus zu fahren (Lk 5,3) oder zur Berufung von Petrus (Lk 5,10). Die ablehnende Haltung von Petrus in der Mitte drückt sich z. B. in der Abwendung des Kopfes und im skeptischen Blick auf Jesus aus. Jesus hingegen tritt nahe an Petrus heran, neigt sich ihm zu und legt ihm die Hand auf die Schulter. Das „Fürchte dich nicht!" im biblischen Text und die Einladung zur Nachfolge sind in der Haltung Jesu zu erkennen.
M 4: Die Begegnung Jesu mit der Sünderin zeigt die Menschlichkeit Jesu im Kontrast zur distanzierten Einstellung der Jünger und Pharisäer.
Der biblischen Geschichte am nächsten kommen folgende Sätze: c, d, j, k, l, n, q. Die Auswahl sollte begründet werden. Danach muss die ganze Schriftstelle Lk 7,36–50 vorgelesen werden, um die Schüler über den tatsächlichen Fortgang nicht im Unklaren zu lassen.
Zu Aufgabe 2 sind folgende Sätze denkbar: Jesus sieht, dass die Frau liebevoll handelt und vergibt ihr. – Die Jünger denken mehr ans Geld als an die Frau. – Der Pharisäer will nichts mit der Frau zu tun haben.

M 5: Die Federzeichnung von Roland Peter Litzenburger zeigt die Begegnung Jesu mit der Sünderin und ergänzt M4.
Arbeitsaufgaben:
- Ordne Personen aus Lk. 7,36–50 dem Bild zu. Begründe kurz.
- Beschreibe Körperhaltung, Hände und Gesicht der drei Personen.
- Wie drückt sich darin jeweils die Einstellung zur Sünde aus?

Mögliche Lösungen siehe Tafelbild unten.

A 23

Diese Arbeitsblatt versucht eine schülergemäße Deutung der biblischen Aussage zur Stellvertretung: Jesus hat für uns gelitten, Jesus ist für uns gestorben.
M 1/M 2: Bild und Brief sind als Impulsmedien zu verstehen. Das Bild und der dazu gehörige Text – die zunächst auch ohne den Brief verwendet werden können – weisen auf das rettende Handeln im Leiden und Tod Jesu hin. Ohne Arbeitsaufgaben sollen die Schüler frei dazu Stellung nehmen. Wichtig ist, dass sie ihre Probleme mit den dichten theologischen Aussagen des Textes artikulieren können. Dazu ermutigt auch der Brief und liefert Formulierungshilfen.
Arbeitsaufgabe:
- Nenne die Probleme, die Petra im Brief anspricht, in eigenen Worten.

M 3/M 4: Der Text führt die Schüler näher an die Frage der Stellvertretung heran. Mit M 3 erhalten die Schüler die Erzählung zunächst ohne Schluss. In den allermeisten Fällen werden sie eine Fortsetzung formulieren, die der Mutter des Feldherrn Strafverschonung einbringt. Nach der Bekanntgabe des Originalschlusses (M 4) kann der Unterricht mit folgenden *Arbeitsaufgaben* weitergeführt werden:
- Bewerte den Ausgang der Geschichte.
- Erkläre, wie durch die stellvertretende Bestrafung sowohl Recht als auch Liebe ausgeübt werden.
- Sind in der Geschichte Anhaltspunkte für eine Antwort auf Petras Brief zu finden?
- Suche Beispiele im Alltag, wo Menschen stellvertretend für andere handeln.

Die Bewertung des Ausgangs kann in Kleingruppen diskutiert werden, die weiteren Aufgaben lassen sich gut im Unterrichtsgespräch erörtern.
Aufgabe 3 stellt einen Bezug zu M 2 her und bereitet einen Antwortbrief vor.
Aufgabe 4 verortet den Gedanken der Stellvertretung im Alltag. Mit solchen anthropologischen Entsprechungen steht und fällt das Verständnis der biblisch-theologischen Aussage „für uns".
M 5: Der Text versucht, die Hingabe Jesu theologisch und didaktisch zu verantworten: Sein Tod ist die Konsequenz seines Lebens für andere. Sein Tod schenkt uns im Tod Gemeinschaft mit Gott.
Arbeitsaufgaben:
- Markiere die Stellen, denen du zustimmst (+), die du ablehnst (–) und die du nicht verstehst (?).
- Versuche, für die (+) und (–) Stellen Begründungen zu formulieren.
- Schreibe einen Antwortbrief an Petra (M 2). Benutze dazu Gedanken aus M 3–5.

Zustimmung und Ablehnung und deren jeweilige Begründung sind schwer vorauszusagen.

A 24

M 1/M 2: Das gesamte Arbeitsblatt stellt das befreiende Handeln Jesu gegenüber den Zöllnern in den Mittelpunkt. Zunächst erhalten die Schüler einen altersgemäßen Informationstext zur Situation der Zöllner zur Zeit Jesu (M 1). Diese Information führt über die grobe Vorstellung vieler Schüler zu den Zöllnern hinaus, dass sie den jüdischen Händlern zu viel Geld abnehmen.
Die Arbeitsaufgabe veranschaulicht die Ausweglosigkeit der Zöllner in einem Teufelskreis (M 2). Lösung: 1. (vorgegeben), 2, müssen Zollpacht im Voraus bezahlen, 3. versuchen, höheren Zoll als vereinbart zu verlangen, betrügen, 4. brechen das 7. Gebot, gelten als Sünder, 5. werden aus der Gemeinschaft ausgestoßen, 6. verlieren Bürgerrechte und Möglichkeiten zu anderen Berufen.
M 3: Zöllner galten in der Öffentlichkeit als Sünder. Die Schüler untersuchen die befreiende Zuwendung Jesu zu den Zöllnern Levi und Matthäus. Zwei Aspekte der Befreiung werden deutlich: Im befreienden Handeln Jesu bleiben die Zöllner passiv. Diese Befreiungstat ermöglicht

Tafelbild zu A 22/M 5:

	Körperhaltung	Hände	Gesicht	Einstellung zur Sünde
Sünderin	kniend, gebeugt, auf Ellbogen gestützt	offen, berührt Füße Jesu		schämt sich, bereut, bittet um Vergebung, erwartungsvoll, tut Jesus etwas Gutes
Jesus	sitzend, leicht gebeugt	rechte Hand über der Frau haltend, linke Hand nach oben offen	blickt Pharisäer an, große Augen	zeigt Zuneigung zu der Frau, schützt die Frau, geht auf ihre Erwartungen ein, vergibt ihr ihre Sünden
Pharisäer	aufrecht stehend, steif	rechte Hand zeigt nach unten	starr, geradeaus, von oben über die Frau hinwegschauend	distanziert, ablehnend, hochmütig, überlegen, verurteilt die Frau

dann aktives, befreites Handeln: Nachfolge, Wiedergutmachung für den Betrug.
Gemeinsam sollte überlegt werden, welche Fortsetzung die Geschichte hätte, falls die Zöllner die Befreiungstat Jesu abgelehnt hätten (kein Ausbruch aus ihrer Lage, Rückfall in den Teufelskreis). Am Teufelskreis können die Ausbruchsstellen nach der Begegnung mit Jesus durch Pfeile kenntlich gemacht werden (Felder 1, 3, 5).
M 4: Der Text von J. Pohier bietet eine Zusammenfassung des Verhaltens Jesu gegenüber Sündern am Beispiel der Begegnung Jesu mit Zachäus und der Ehebrecherin.
Arbeitsaufgaben:
- Beschreibe das Verhalten Jesu gegenüber Zachäus und der Ehebrecherin.
- Erkläre den Satz: Jesus macht klar, „wer Gott ist“.
- Bringe die Begriffe „Bekehrung“, „gesetzliches Verhalten“ und „Liebe“ in einen Zusammenhang, indem du mit diesen Begriffen ganze Sätze formulierst.

Der Begegnung mit Jesus muss nicht eine Bekehrung als Bedingung der Zuwendung vorausgehen. Jesus wendet sich bedingungslos zu. Eine Antwort auf die dritte Aufgabe sollte diesen Aspekt herausstellen.
M 5: Das Bild veranschaulicht die bekannte Szene mit Jesus und der Ehebrecherin.
Arbeitsaufgaben:
- Beschreibe die Szene.
- Woran ist die Zuwendung Jesu zur Ehebrecherin zu erkennen?

Die Zuwendung Jesu kann an folgenden Bildmerkmalen sichtbar werden: Jesus steht mit der Frau im „Schuldkreis“ und nimmt damit einen Teil der Schuld auf sich (Stellvertretung). Er steht neben der Frau und dadurch näher bei ihr als bei den Anklägern. Er wehrt die Ankläger mit der Hand ab.

Kapitel 8: Der im Gewissen angesprochene, gewissenhafte Mensch

A 25

Dieses Arbeitsblatt nimmt die Fragestellung des schlechten und doch guten Gewissens nochmals auf (vgl. A19).
M 1: Hier geht es um ein gutes und doch schlechtes Gewissen.
Arbeitsaufgaben:
- Erkläre den Ausdruck „das gute Gewissen“ (3. Absatz). Beachte dabei den Satz, in dem dieser Ausdruck verwendet wird.
- Finde passende Formulierungen für ein schlafendes und ein waches Gewissen. Trage sie in eine Tabelle ein.
- Nimm zum letzten Satz des Gedichts Stellung.

Die Lösung zur ersten Aufgabe liegt in der Interpretation des Satzes „dass auch das gute Gewissen nicht ausreicht“. Das scheinbar gute Gewissen ist ein schlafendes, das beruhigt und angepasst ist und daher nicht mehr reagiert. Die Kategorien schlafend und wach in der zweiten Aufgabe entsprechen den Leitkategorien der gesamten Arbeitsblätter von stummem und sprechendem Gewissen.
Mögliches Ergebnis:
schlafendes Gewissen: vergessen, beruhigt schlafen, keine Träume haben, blinde Zufriedenheit, etwas erreicht haben
waches Gewissen: aufschrecken, einen Schrei hören, sehen, was es gibt (Leid und Angst), Bestürzung

M 2: Die Karikatur „Der Schrei“ schafft einen Übergang zu einem erwachenden Gewissen.
Arbeitsaufgaben:
- Deute die Bildelemente „Zeitung“, „Stacheldraht“, „Gesicht“ und „Hand“.
- Inwiefern will die Karikatur wachrütteln?
- Der Titel der Karikatur „Der Schrei“ findet sich auch im Gedicht „Träume“ (M 1). Stelle eine Verbindung her.

Die aus dem Stapel herausragende Hand, das kaum erkennbare Gesicht, der Stacheldraht sind verfremdende Hinweise, dass Zeitungen die Not konkreter Menschen verdecken. Andererseits zeigt die Karikatur im Ganzen, dass zur Hilfe wachgerüttelt werden soll. Die letzte Frage zielt auf den Schrei der Not, der ein scheinbar gutes, aber doch stummes Gewissen (M 1) aufweckt.
M 3: Die Transformation von Psalm 1 spricht demjenigen Heil zu, der nicht gewissenlos handelt. Gewissenloses Handeln wird bis auf den letzten Abschnitt im Gedicht von W. Willms mit „nicht“ eingeleitet. Die erste Aufgabe bringt gewissenloses Handeln auf den Begriff und die Antworten darauf leiten zur zweiten Aufgabe über. Die Begriffe können in dieser Reihenfolge eingesetzt werden: Geschwätz, Selbstüberschätzung, Einschmeicheln, Beziehungen ausnutzen, Gier nach Einfluss, Hinterhältigkeit, eine Beziehung zu Gott haben, Vorbild sein.
In der zweiten Aufgabe suchen die Schüler Beispiele für gewissenhaftes Handeln.

A 26

M 1: Das Gedicht von M. L. Kaschnitz thematisiert die Haltung lebenslangen Offenseins.
Arbeitsaufgaben:
- Gib dem Gedicht einen Titel.
- Versuche das Gedicht in zwei Abschnitte zu gliedern. Begründe.

Der Titel des Gedichtes sollte einen Hinweis auf die Offenheit enthalten. Der erste Abschnitt bis „... kein Vergnügen macht“ beschreibt den Verzicht auf Besitz und Bürgerlichkeit, während der zweite Abschnitt von Sehnsucht und lebenslanger Offenheit spricht. Der Lehrer sollte auf den Zusammenhang mit dem offenen Gewissen hinweisen (vgl. A 10). Nur wer ein offenes Gewissen hat, kann gewissenhaft handeln.
M 2: Zwanzig konkrete Verhaltensweisen sensibilisieren für gewissenhaftes Handeln. Durch Ausschneiden und Gliedern werden die Handlungsweisen geordnet und dadurch vertieft.
Vorschlag für Überschriften und zugeordnete Sätze:
Mit der Schöpfung umgehen: 7, 12, 14, 18.
An andere Menschen und Völker denken: 2, 9, 13, 15.
In Schule und Beruf miteinander auskommen: 3, 4, 10, 17.
Familie und Freundschaft ernst nehmen: 5, 11, 16, 20.
Die letzte Aufgabe zielt auf das konkrete Engagement und kann in ein lebhaftes Unterrichtsgespräch führen.
M 3/M 4: Die Schüler suchen aus 24 Eigenschaften (M 3) diejenigen heraus, die einen gewissenhaften Menschen kennzeichnen und bereiten damit die Lösung der ersten Aufgabe von M 4 vor. Die Eigenschaften zeigen die große Bandbreite und Polarität von gewissenhaftem Handeln (z. B. ‚sparsam‘ polar zu ‚freigebig‘) und schärfen durch die Zuordnung der übertriebenen Eigenschaften (z. B. ‚geizig‘ polar zu ‚verschwenderisch‘) den Blick für den Unterschied gewissenhaft – nicht gewissenhaft.

Mögliche Lösung (Reihenfolge der Zeilen beliebig):

nicht gewissenhaft	gewissenhaft	gewissenhaft	nicht gewissenhaft
geizig	sparsam	freigebig	verschwenderisch
tollkühn	mutig	besonnen	feig
gerissen	klug	spontan	oberflächlich
unterwürfig	demütig	selbstbewusst	arrogant
kleinlich	genau	großzügig	schlampig
verschlossen	verschwiegen	offen	geschwätzig

A 27

Vorbemerkung zu **M 1–M 3**:
Die drei Holzschnitte von W. Back sind aufeinander bezogen. Die ersten beiden Bilder sind im dritten Bild übereinander gedruckt. Daraus ergibt sich eine neue Bildaussage. Zunächst sollen die Schüler nur die ersten beiden Bilder (M 1 u. M 2) bearbeiten.

M 1: In einem ersten Schritt wird M 1 bearbeitet.
Arbeitsaufgaben:
- Beschreibe die Menschen.
- Formuliere eine Bildaussage.
- Bringe das Bild mit den das Gewissen negativ prägenden Einflüssen in Verbindung (A 4–A 7).

Zu möglichen Ergebnissen der ersten beiden Aufgaben siehe Vorschlag für Tafelbild unten.
Bei der dritten Aufgabe können negative Einflüsse wie Gleichgültigkeit, Konsum, Egoismus und Bequemlichkeit genannt werden.

M 2: Bild 2 wird zunächst gleich wie Bild 1 bearbeitet: Beschreibung und Formulierung einer Bildaussage. Die Ergebnisse ergänzen das Tafelbild.
Weitere Arbeitsaufgaben:
- Bringe das Bild mit Überlegungen zu einem sprechenden Gewissen in Verbindung (A 14–A 17).
- Beziehe beide Bilder aufeinander und mache dazu eine neue Bildaussage.

Folgende Begriffe können die Verbindung mit einem sprechenden Gewissen herstellen: Offenheit, Wahrhaftigkeit, ohne Maske sein, aufmerksam, wach sein.
Die Ergebnisse zur letzten Aufgabe bereiten die Beschäftigung mit M 3 vor.

M 3: Der ungewohnte Überdruck eignet sich als stummer Impuls für Spontanäußerungen. Folgende *Arbeitsaufgaben* können danach weiterführen und gewissenhaftes Handeln veranschaulichen:
- Überlege, welche neue Bildaussage durch das Übereinander Drucken entsteht.
- Begründe, warum der Einzelne im Bild als gewissenhafter Mensch gedeutet werden kann.

M 4: Das Gedicht von L. Zenetti kontrastiert mit gängigen

Tafelbild zu A 27/M 1–3:

M 1 Beschreibung	Aussage	**M 2** Beschreibung	Aussage
Menschenmenge, alle gleich, in gleicher Richtung, gebeugt, keine Gesichter, Dunkelheit	Einsamkeit, kein Kontakt untereinander, niedergedrückt, gelangweilte Stimmung, gleichgültige Masse, jeder denkt an sich	Hand nach oben gestreckt, Finger gespreizt, Mund offen, Augen geschlossen, nach oben schauend, zerfurcht	wehrt etwas ab, ist entsetzt, erschrocken, ruft zu Gott, ist bekümmert, leidet

M 3

Neue Bildaussage

- Masse bildet ein Netz über den Einzelnen.
- Einzelner ist verstrickt und wehrt ab.
- Einzelner wird durch die Haltung der Masse aufgerüttelt.
- Der Einzelne leidet unter der Gleichgültigkeit, dem Egoismus, der Konsumhaltung, der Menge.

Redensarten gewissenloses und gewissenhaftes Handeln. Letzteres wird dabei als Handeln im Geist Jesu verstanden.
Arbeitsaufgaben:
- Liste Verhaltensweisen auf, die dem Geist Jesu widersprechen.
- Liste Verhaltensweisen auf, die dem Geist Jesu entsprechen.
- Schreibe zu drei Verhaltensweisen, die dem Geist Jesu entsprechen, kurze Geschichten.
- Formuliere das Gedicht im Stil von Psalm 1 (A 25/M 3) um.

Lösungen zu den ersten beiden Aufgaben sind leicht ersichtlich. Die Schreibübung zur dritten Aufgabe veranschaulicht und konkretisiert die positiven Verhaltensweisen. Diese werden in der letzten Aufgabe jeweils mit dem Satzanfang „Heil dem Menschen, der ..." umformuliert.
M 5/M 6: Die Liedtexte enthalten in der Form des Zuspruchs (M 5) und des Gebets (M 6) Beispiele für ein Handeln im Geist Jesu.
Arbeitsaufgabe:
- Unterstreiche in den Liedtexten Stellen, die ein gewissenhaftes Handeln im Geist Jesu beschreiben.

Folgende Stellen können unterstrichen werden:
M 5: Gehet nicht auf ..., Suchet zuerst ..., Seid eines Sinnes ..., denen, die suchen ...,
M 6: Freude auszubreiten, vergebend zu ertragen, Frieden zu verkünden, Liebe zu bezeugen, Gutes tun.
M 7: Der Text von M. Delbrêl kann ohne Arbeitsaufgaben eingesetzt werden, um den meditativen Charakter zu erhalten. Er meditiert eine glaubende Beziehung zu Jesus Christus und eignet sich als Besinnungstext zum langsamen Lesen, evtl. mit Musikuntermalung. Im Text werden Sammlung und Zuspruch wie auch Sendung und Anspruch ausgedrückt.

A 28

M 1/M 2: Die Pflege einer bettlägrigen Frau (M 1) und die Veröffentlichung eines Umweltskandals (M 2) sind zwei beeindruckende Beispiele für ein waches und sprechendes Gewissen. Das erste Beispiel stellt stärker Freundschaft und Mitmenschlichkeit heraus. Im zweiten Fall werden der gesellschaftliche und umweltethische Aspekt sowie die christliche Motivation betont. Beide Beispiele können trotz ihrer Verschiedenheit unter einer gemeinsamen Fragestellung – evtl. in Gruppenarbeit – bearbeitet werden.
Arbeitsaufgabe:
Fülle die Tabelle (*siehe unten*) aus.
Nach der gemeinsamen Auswertung sollte auf jedes Beispiel mit folgenden *Aufgaben* eingegangen werden:
zu M 1:
- Überlege andere Möglichkeiten für die pflegebedürftige Frau, wenn Frau Sautter nicht geholfen hätte.
- Ist es gewissenlos, nächste Angehörige in ein Pflegeheim zu geben?

zu M 2:
- Handelt der junge Chemiker aus christlichen Motiven?
- Ist es gewissenlos, über Unrecht zu schweigen, um den Arbeitsplatz zu erhalten?

Die jeweils zweiten Fragen gehen über die Texte hinaus und können zu einer kontroversen Diskussion hinführen.

Tabelle und mögliches Ergebnis zu A 28/M 1 und M 2:

	Beweggründe zum Handeln	Konkretes Handeln	Auswirkungen für die Handelnden
M 1	Freundschaft, gemeinsame Aktivitäten in der Kirchengemeinde	Pflege der Freundin, später auch nachts, zieht in die Wohnung der Freundin, macht Haushalt, bewirtet Besucher	physisch und psychisch belastend, keine eigene Wohnung mehr, erfährt Hilfe durch das Ertragen der Krankheit
M 2	Hass, Aggression gegen Beamte, Chef und gegen Mitarbeiter; Liebe, Verantwortung für gefährdete Menschen	Recycling von Chemieabfällen, Erstellen einer Liste mit Gefahrstoffen, Information einer Tageszeitung	Gefühl der Ohnmacht, Angst, Konflikt mit Arbeitgeber, Kündigung, Arbeitslosigkeit, Drohung mit gerichtlichen Schritten